本書の特色と使い方

この本は，国語の読解問題を集中的《しゅうちゅうてき》に学習《がくしゅう》できる画期的《かっき》な問題集です。苦手《にがて》な人も，さらに力をのばしたい人も，１日１単元《たんげん》ずつ学習すれば30日間《かん》でマスターできます。

① 「パターン別《べつ》」と「ジャンル別」トレーニングで読解力《どっかいりょく》を強化《きょうか》する

「指示語《しじご》」や「接続語《せつぞくご》」などを問《と》うパターン別問題に取《と》り組《く》んだあとは，物語《ものがたり》，説明文《せつめいぶん》などのジャンル別問題にチャレンジします。さまざまな問題に慣《な》れることで，確《たし》かな読解力が身《み》につきます。

② 反復《はんぷく》トレーニングで確実《かくじつ》に力をつける

数《すう》単元ごとに習熟度確認《しゅうじゅくどかくにん》のための「**まとめテスト**」を設《もう》けています。解《と》けない問題があれば，前《まえ》の単元にもどって復習《ふくしゅう》しましょう。

③ 自分《じぶん》のレベルに合《あ》った学習が可能《かのう》な進級式《しんきゅうしき》

学年とは別の級別構成《こうせい》(12級～１級)になっています。「**しんきゅうテスト**」で実力《じつりょく》を判定《はんてい》し，選《えら》んだ級が難《むずか》しいと感《かん》じた人は前の級にもどり，力のある人はどんどん上の級にチャレンジしましょう。

④ 巻末《かんまつ》の「答《こた》え」で解き方《かた》をくわしく解説《かいせつ》

問題を解き終《お》わったら，巻末の「**答え**」で答え合わせをしましょう。「**指導《しどう》の手引《てび》き**」には，問題の解き方や指導するときのポイントをまとめています。特《とく》に重要《じゅうよう》なことがらは「**チェックポイント**」にまとめてあるので，十分《じゅうぶん》に理解《りかい》しながら学習を進《すす》めることができます。

もくじ

読解力 10級

本書に関する最新情報は，当社ホームページにある本書の「サポート情報」をご覧ください。(開設していない場合もございます。)

1日 ひょうげんを読《よ》みとる (1)

⬇答えは65ページ

月　日

シール

1 つぎの文章《ぶんしょう》を読《よ》んで、あとのといに答《こた》えましょう。

日がしずみ、夜《よる》になりました。

①バシャバシャバシャ

エラスモサウルスがゆっくりとやって来《き》ました。

「おーい、お前《まえ》、今日《きょう》は赤いみをもって……」

と、ティラノサウルスが言《い》いかけた時《とき》です。

「た、たすけて……」

エラスモサウルスは、きしまであと少《すこ》しのところで、②……としずみ出しました。

③ドッボーン！

ティラノサウルスはエラスモサウルスをたすけたい、という気もちだけで海《うみ》にとびこみまし

(1) ——①「バシャバシャバシャ」とありますが、これはどのような様子《ようす》をあらわしていますか。つぎのあ・いにあてはまる言葉《ことば》を、文中からそれぞれ八字と一字でぬき出しましょう。

・あがいからやって来《く》る様子。

あ□□□□□□□□
い□

(2) ②・④にあてはまる言葉をつぎから一つずつえらび、記号《きごう》で答えましょう。

ア　ザザーンザザーン
イ　バッシャーーン
ウ　プカプカプカ
エ　ブクブクブクブク

②(　　)　④(　　)

た。

バシャバシャバシャ……

そして、エラスモサウルスがしずんだところにドボンッともぐりました。

そうして、夜の海がしーんとしずまりかえった時です。

［④］！

ティラノサウルスがエラスモサウルスをだきかかえてあがってきました。

エラスモサウルスは体中《からだじゅう》にけがをしていました。

海のらんぼうもののきょうりゅうにかまれたきずでした。

「⑤なんてひどいことをするやつがいるんだ！」

ティラノサウルスは、エラスモサウルスをしっかりとだきかかえて、きしにあがりました。

（宮西達也《みやにしたつや》「きみはほんとうにステキだね」）

(3) ――③「ドッボーン！」について、つぎのといに答えましょう。

① これは「だれ」が「何《なに》をした」様子をあらわしていますか。

（　　　）

② なぜ、そのようなことをしたのですか。

（　　　）

(4) ――⑤「なんてひどいことをするやつがいるんだ！」とありますが、「ひどいこと」とはどのようなことですか。

（　　　）

指導のコツ ティラノサウルスがけがをしたエラスモサウルスを助ける場面です。それぞれの擬音語・擬態語が何を表現しているのかを押さえながら読みます。

2日

ひょうげんを読《よ》みとる (2)

答えは65ページ

月　日

シール

1 つぎの文章《ぶんしょう》を読《よ》んで、あとのといに答《こた》えましょう。

「あんた、だれ？」

　すると、

「おおかみです。こわいでしょ。」

と大きな声《こえ》で、へんじがかえってきたの。

　そういわれてみると、おおかみみたいなんだけど……、だいいちからだはごみばこぐらい小さいし、ごみばこのごみみたいなきたない色《いろ》してるから、なかなかわからなかったのね。

「ぼく、こわいでしょ。」

　おおかみは、せいいっぱいきをつけをすると、おなじことをくりかえして、どうやらこわがられたいみたいなのよ。

「そうねえ。もうすこし大きくなったほうがいいんじゃないかしら。おおかみだったらよ、せ

(1) ＝＝「こわいでしょ」とありますが、なぜおおかみは「こわいでしょ」とくりかえしたのですか。理由《りゆう》を答えましょう。

（　　　　　　）

「おおかみ」は「おばあさん」にどう見られたかったのかな。

(2) ——①「ぴかぴかひかったけがわがないと」とありますが、このおおかみのけがわは、どのような様子《ようす》でしたか。「の、けがわ。」につづくように、文中から十一字でぬき出しましょう。

□□□□□□□□□□□の、けがわ。

めて、このおばあさんよりは大きくないとねえ。それと、①ぴかぴかひかったけががないと、こわくみえないわ。」

　おおかみは、すこし首《くび》をかしげてかんがえると、②にゃーっ。うれしそうにわらったの。

「じゃ、やっぱりごちそうになったほうがいいかな。えいようつければ大きくなれるし、けがわもぴかぴかひかるから……。」

「ごちそうって、どこにあるの？」

　わたしが、あちこちまわりをさがすと、おおかみはぺこりとあたまをさげて、えんりょしいしい、いったの。

「すいませんけど、ごちそうって、あなた、すなわちおばあさんなんです。だってぼく、おばあさんをおしょうゆあじでたべるのが、だいすきなんです。からしをたっぷりつけてね。」
　③わたしはおもわず、ぶるんとふるえてしまった。

（角野《かどの》栄子《えいこ》「おかしなうそつきやさん」）

(3) ―②「にゃーっ」とありますが、なぜおおかみはこのようにわらったのですか。理由をつぎからえらび、記号《きごう》で答えましょう。

ア おばあさんがけがわをほめてくれたから。
イ おばあさんをたべられると思《おも》ったから。
ウ おばあさんがごちそうをくれたから。
エ おばあさんより大きくなれるとわかったから。

（　　）

(4) ―③「わたしはおもわず、ぶるんとふるえてしまった」とありますが、その理由をつぎからえらび、記号で答えましょう。

ア おおかみのことがかわいそうだったから。
イ おおかみのことがおかしかったから。
ウ おおかみのことがおそろしかったから。
エ おおかみのことが心配《しんぱい》だったから。

（　　）

指導のコツ おおかみとおばあさんの言動をきちんととらえて、おおかみがおばあさんをどうしようとしているかを読み取ります。

3日 こそあど言葉《ことば》(1)

月　日

シール

⬇答えは66ページ

1 つぎの文章《ぶんしょう》を読《よ》んで、あとのといに答《こた》えましょう。

「お母《かあ》さんが《一のおしごと。》っていう、でたらめうたをうたうことがあるでしょ。」

「うん。」

「①あれ、お母さんが子どものころ、お母さんのお父《とう》さんが一回《いっかい》だけうたったの。」

「おじいちゃんが？」

「そう。お母さんが、ちょうどさきぐらいのときよ。日曜日《にちようび》でねぼうしてたの。そうしたら、お父さんがよこの自分《じぶん》たちのふとんをたたみはじめた。②そのはじめに《一のおしごと、どんどれなりけりや。》っていったの。」

「へえー、しんじられない。」

おじいちゃんは三年前《まえ》になくなりました。さ

(1) ――①「あれ」とは何《なん》のことですか。文中から六字でぬき出しましょう。

(2) ――②「そのはじめ」とありますが、何をはじめたときのことですか。「はじめたとき。」につづくように答えましょう。

（　　　　　　　　）はじめたとき。

(3) ――③「そうでしょう」について、つぎのといに答えましょう。

① お母さんは何にたいして「そうでしょう」と言《い》ったのですか。つぎの[あ]・[い]にあてはまる言葉《ことば》を、それぞれ答えましょう。

きちゃんのお絵《え》かきをもっていくとうれしそうに、にこにこしてくれました。長《なが》いこと、学校の先生をしていたそうです。とてもまじめそうで、でたらめうたをうたうようには見えませんでした。

「③そうでしょう。ふだんは、じょうだんなんかいわなかった。だから意外《いがい》だったの。わたし、おかしくってねながらわらっちゃった。そうしたら、ぴょんぴょんおどるようなかっこうをしながら、《一のおしごと、こんこれなりけりや。》ってつづけるの。おかしくっておなかがいたくなった。」

さきちゃんの頭《あたま》に、小学三年生のお母さんが、ふとんから首《くび》を出して、□しているところがうかびました。

（北村《きたむら》　薫《かおる》「さばのみそ煮《に》」）

・[あ]が[い]なんてしんじられないと、さきちゃんが言ったこと。

あ（　　　）

い（　　　）

② お母さんはなぜ、「そうでしょう」と言ったのですか。つぎの□にあてはまる言葉を、文中から六字でぬき出しましょう。

・お母さんも、おじいちゃんは□な人だと思《おも》っていたから。

□□□□□□

(4) □にあてはまる言葉をつぎからえらび、記《き》号《ごう》で答えましょう。

ア 大いばり　イ 大なき

ウ 大わらい

（　　　）

指導のコツ お母さんがさきちゃんに、でたらめうたに関する思い出を話している場面です。こそあど言葉の指す内容を押さえながら、二人の会話を読み進めます。

4日 こそあど言葉《ことば》(2)

⬇答えは66ページ

月　日

シール

1 つぎの文章《ぶんしょう》を読《よ》んで、あとのといに答《こた》えましょう。

　トンネルをほれば、ほった土が出ます。①その土をどこにすてたらよいでしょう。ただ土のなかをほりすすもうというのなら、ほった土はうしろにどけておけばよいでしょう。でも、②それではほったあとからトンネルはうまってしまい、長《なが》いトンネルはできません。

　そこで、モグラはほりとった土を手のひらでおして、トンネルのなかからはこびだし、地表《ちひょう》にすてるほうほうをみにつけました。そのトンネルをほったざん土*をおしだして地表にすてたあとが「モグラづか」なのです。

　モグラづかは、公園《こうえん》やはたけ、それに川岸《かわぎし》の草地《くさち》などのみぢかな場所《ばしょ》で見ることができま

(1) ——①「その土」とは、どのような土のことですか。

（　　　　　　）

(2) ——②「それ」とは、どのようなことですか。つぎの□にあてはまる言葉《ことば》を答えましょう。

・ほった土を□こと。

（　　　　　　）

(3) ——③「その下」について、つぎのといに答えましょう。

① 「その下」とは、何《なん》の下のことですか。文中から五字でぬき出しましょう。

□□□□□

す。そこで、だれもが、モグラづかであれば、③その下にモグラのトンネルができている、モグラがすんでいる、と考《かんが》えます。モグラづかがひとつだけだったら、それはそのモグラづかと同《おな》じ土のりょうのトンネルが、新《あたら》しく地中《ちちゅう》にほられたことをいみしています。もし、いくつかのモグラづかが見られれば、地中に、それらのモグラづかをつないだトンネルができていると考えて、まずまちがいありません。だから、モグラとモグラづかは、切《き》っても切れないかんけいにあると、だれもが考えています。

ところが、森にはモグラづかがありません。どこまで歩《ある》いても、モグラづかはひとつも見つからないのです。④そのため、モグラをけんきゅうしている学者《がくしゃ》のなかには、森にはモグラはすまない、と考えている人もいるくらいです。

（今泉吉晴《いまいずみよしはる》「モグラの地中」）

＊ざん土＝のこった土。

② 「その下」では、モグラがどのようなことをしていると考えられますか。

（　　　　）

(4) ――④「そのため」について、つぎのといに答えましょう。

① 「そのため」の「その」とは、どのようなことをさしていますか。

（　　　　）

② 「そのため」に、どのようなことを考える人がいるのですか。

（　　　　）

指導のコツ こそあど言葉が指し示すものを、前後の文章から読み取りつつ、「モグラ」と「モグラづか」の関係を押さえます。

文と文をつなぐ言葉《ことば》（1）

⬇答えは67ページ

1 つぎの文章《ぶんしょう》を読《よ》んで、あとのといに答《こた》えましょう。

あたしには、おとうとがいる。

［①］、あたしは、おねえさん。

だけど、生まれたときから、おねえさんだったわけじゃない。生まれたときは、おかあさんとおとうさんの、はじめての子どもだった。おねえさんでもおとうとでもない、たったひとりの子どもだった。
②そのころのあたしは、しあわせだった。おかあさんもおとうさんも、あたしだけをかわいがってくれた。
［③］、しあわせは、長《なが》くはつづかなかった。おとうとが、やってきたからだ。おとうとは、あかんぼうのときから、④あたしのしあわせをひ

(1) ［①］・［③］にあてはまる言葉《ことば》をつぎから一つずつえらび、記号《きごう》で答えましょう。

ア つまり　イ また
ウ すると　エ たとえば
オ ところで　カ でも

①（　　）　③（　　）

(2) ――②「そのころのあたし」とありますが、どんなころの「あたし」ですか。つぎの［　］にあてはまる言葉を、文中から十字でぬき出しましょう。

・おかあさんとおとうさんの［　］だったころの「あたし」。

月　日

シール

とつひとつ、うばっていった。そしていまでは、にくたらしいあくまとなって、あたしにつきまとう。

　たとえば、うるわしい朝《あさ》のお目ざめ。あたしひとりのときは、おかあさんが[⑤]おこしてくれた。でもいまは、おとうとがおこしにくる。すぐにおきないと、あたしのはなにゆびをつっこむ。おまけに、耳もとで大さわぎ。

「朝ですよー。おっきしなさーい」

　毎朝《まいあさ》、毎朝、じごくの犬にほえられているような気もちになる。

　それから、いとしいライオンちゃん。

　ライオンちゃんは、あたしの大のなかよし。あかちゃんのころから、ずっといっしょだった。いさましいオスライオンのぬいぐるみ。でもいまは、たてがみがない、ぶきみな生きものに生まれかわった。おとうとが、たてがみをぜんぶひっこぬいてしまったんだ。


（いとうひろし「ふたりでおるすばん」）

(3) ――④「あたしのしあわせをひとつひとつ、うばっていった」とありますが、おとうとにうばわれた「あたしのしあわせ」を、文中から二つぬき出しましょう。

（　　　）

（　　　）

(4) [⑤]にあてはまる言葉をつぎからえらび、記号で答えましょう。

ア やさしく　　イ 大さわぎして
ウ おこって　　エ あくまのように

（　　　）

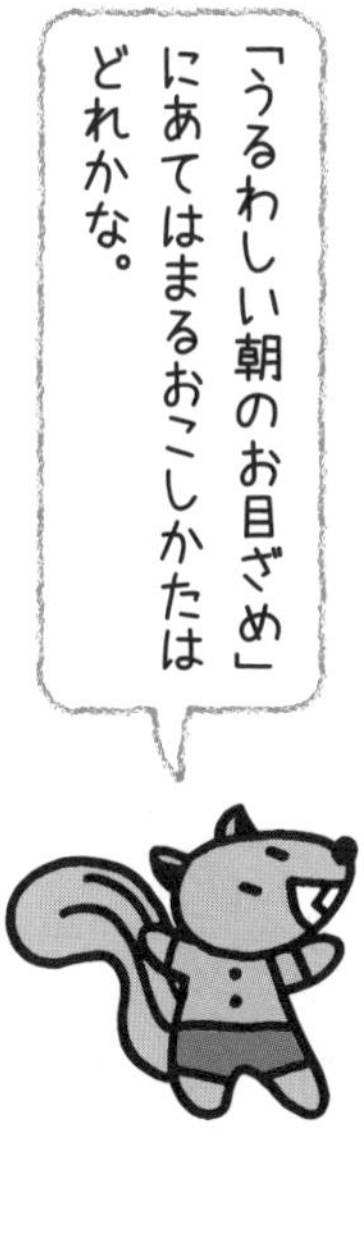
「うるわしい朝のお目ざめ」にあてはまるおこしかたはどれかな。

指導のコツ 文と文をつなぐ言葉に着目しながら、「おとうと」が生まれる前後で「あたし」の生活がどう変わったかを押さえます。

文と文をつなぐ言葉《ことば》(2)

↓答えは67ページ

1 **つぎの文章《ぶんしょう》を読《よ》んで、あとのといに答《こた》えましょう。**

ぼくは、足元《あしもと》にちゅういしながら、昼間《ひるま》のあぜ道《みち》を歩《ある》き出しました。

水面《すいめん》をかい中電《でん》とうでてらすと、光《ひかり》におどろいて、①イモリが口からあぶくを出して、体《からだ》をひるがえしました。

かがみこんで、そっとのぞくと、ヤゴはイネのくきをつたってのぼり、体をすべて水中から出していました。

ぼくは、じっとようすを見まもりました。

それから数分後《すうふんご》、ヤゴが、イネのくきをのぼりはじめました。

水面から20センチほどの高《たか》さまでのぼると、ぴたりとうごかなくなりました。

(1) ――①「イモリが口からあぶくを出して、体をひるがえしました」とありますが、この文を、いみをかえずに二つの文に分《わ》けたとき、つぎの□にあてはまる言葉《ことば》を答えましょう。

・イモリが口からあぶくを出しました。□イモリは体をひるがえしました。

（　　　）

(2) □にあてはまる言葉をつぎからえらび、記《き》号《ごう》で答えましょう。

ア さらに　イ つまり

ウ しかも　エ すると

（　　　）

(3) ――②「うか」とありますが、つぎのア～ウを、「うか」していくじゅんばんにならべかえましょう。

□15分ほどたったでしょうか。
ヤゴのせなかがわれてきました。

「やはり②＊うかがはじまったんだ」

ぼくは、いきをのんで見つめました。

顔《かお》やむねが出て、やがて、しっぽをのこしてすべて体がぬけ出し、そのままうごかなくなりました。

すると今度《こんど》は、さかさまになっていた体をとつぜんおこして、自分《じぶん》のからにしがみつき、するりとしっぽをぬぎました。

そのあと、③ちぢれていた羽《はね》が、どんどんのびていくではありませんか。

羽はまっ白で、ガーゼのようにふわふわしたかんじです。

なんときれいなすがたなのでしょう。

ぼくは、すっかり見とれてしまいました。


（今森光彦《いまもりみつひこ》「赤トンボ」）

＊うか＝よう虫やさなぎが、羽のあるせい虫になること。

ア　さかさまになってしっぽをぬぐ。
イ　せなかがわれてくる。
ウ　顔やむねがからからぬけ出す。

（　　→　　→　　）

(4) ――③「ちぢれていた羽が、どんどんのびていくではありませんか」について、つぎのといに答えましょう。

① のびていく「羽」は、どのような「羽」ですか。

（　　　　）

② 「羽」を見た「ぼく」は、どう思《おも》いましたか。文中からぬき出しましょう。

（　　　　）

指導のコツ　筆者がヤゴの羽化する瞬間を観察している文章です。文と文をつなぐ言葉に注意しながら、ヤゴがどのような順序で羽化をするのかを読み取ります。

7日 まとめテスト (1)

月　日

時間 20分［はやい15分おそい25分］
合格 80点
得点　点
シール

1 つぎの文章《ぶんしょう》を読《よ》んで、あとのといに答《こた》えましょう。

おとうさんギツネとおかあさんギツネがきょう力して子そだてをする……家族《かぞく》ならあたりまえ、ごくふつうのことだと思《おも》っている人は多《おお》い。でも①これはふしぎなくらいめずらしいことなのだ。

［②］、ほっかいどうにすむどうぶつたち。つづけて3ヵ月間《かん》、ヒグマの子そだてをかんさつしたことがある。父親《ちちおや》らしいおすのヒグマは一度《いちど》もあらわれなかった。むしろおすのヒグマが近《ちか》づいていることがわかると、母《はは》グマは子グマをつれてしげみのなかににげこんでいた。

(中りゃく)おとうさんとおかあさんがいっしょになって子そだてをするといったことはなかっ

(1) ――①「これ」とはどういうことをさしていますか。(20点《てん》)

（　　　　）

(2) ［②］・［③］にあてはまる言葉《ことば》をつぎから一つずつえらび、記号《きごう》で答えましょう。(一つ10点―20点)

ア たとえば　イ つまり
ウ それから　エ しかし

②（　　）　③（　　）

(3) ――④「それ」について、つぎのといに答えましょう。

① 「それ」とはどういうことですか。つぎからえらび、記号で答えましょう。(10点)

➡答えは68ページ

た。［③］、アザラシ、ユキウサギ、テン、リス、モモンガ、ノネズミも見たが、どのどうぶつも子どもとくらしているのはおかあさんだけだった。おとうさんはいない。④それがほっかいどうの野生《やせい》どうぶつたちの家族だった。

　ではせかいのどうぶつたちはどうだろう。ホッキョクグマ、ゾウ、ライオン、チーターの子そだてはおかあさんだけだが、オオミミギツネ、ジャッカルなどはおとうさんがちゃんといっしょに子そだてしている。よくしらべると、オオカミやリカオンのむれのなかにもおとうさんらしいおすが見える。でもそれくらいで、あとはみんなおかあさんだけだ。日本ではふうふで子そだてをするものがキツネのほかにもいる。タヌキと、そう、わたしたち人間《にんげん》だ。これは、⑤それくらいめずらしいことなのだ。

（竹田津《たけたづ》 実《みのる》「キタキツネのおとうさん」）

ア おかあさんだけでくらすこと。
イ おとうさんと子どもだけでくらすこと。
ウ おかあさんと子どもだけでくらすこと。
エ おかあさんとおとうさんと子どもがいっしょにくらすこと。

（　　）

② ①で答えた「それ」にあてはまるどうぶつをつぎから二つえらび、記号で答えましょう。（二つ10点—20点）

ア オオカミ　　イ ライオン
ウ ゾウ　　エ ジャッカル

（　　）（　　）

(4) ——⑤「それ」とはどういうことですか。（30点）

（　　）

8日

話題《わだい》を読《よ》みとる

1 つぎの文章《ぶんしょう》を読《よ》んで、あとのといに答《こた》えましょう。

さあ、①こんども王さまの話《はなし》です。あそぶのがすきで、べんきょうが大きらいな王さまです。だから、いつもだいじんにしかられてばかりいる王さまです。

「王さま。べんきょうをしないと、あたまがわるくなりますよ。」

しかられたくらいで、すぐにべんきょうをはじめるような、王さまではありません。だから、②だいじんは、よけいおこりだします。

「あたまのわるい王さまでは、みんなにばかにされます。べんきょうしなさい。」

王さまは、□なりました。

――ぼくは、あたまはわるくないぞ。あたま

(1) ――①「こんども王さまの話です」とありますが、どんな王さまの話ですか。つぎの□にあてはまる言葉《ことば》を、文中から十字でぬき出しましょう。

・いつも□王さまの話。

(2) ――②「だいじんは、よけいおこりだします」とありますが、なぜですか。

（　　　　）

(3) □にあてはまる言葉をつぎからえらび、記《き》号《ごう》で答えましょう。

ア くやしく　イ おかしく

ウ うれしく

（　　）

↓答えは68ページ

月　日

シール

のいいところを、見せてやる――。

王さまはかんがえました。かんがえて、かんがえて、③いいことを思《おも》いつきました。

――ふむふむ。そうだ。やってみよう。ぼくは、あたまがいいんだぞ――。

王さまは、なにをしようというのでしょうか。

いつか、テレビで見た、めいたんていを、やることにしたのです。つまり、じけんがおきて、それをみごとにかいけつする、めいたんていです。めいたんていになれば、だいじんもばかにはしないでしょう。しかったりしなくなるでしょう。

（寺村輝夫《てらむらてるお》「王さまめいたんてい」）

(4) ――③「いいことを思いつきました」について、つぎのといに答えましょう。

① 「いいこと」とは、どのようなことですか。つぎの あ・い にあてはまる言葉を、文中からそれぞれぬき出しましょう。

・ あ になって い をかいけつすること。

あ（　　　　）

い（　　　　）

② なぜ王さまは①を思いついたのですか。つぎの あ・い にあてはまる言葉を、文中からそれぞれぬき出しましょう。

・ あ をしないけれど、 い のだとだいじんに見せつけるため。

あ（　　　　）

い（　　　　）

指導のコツ 王さまが、自分は頭が悪くないと思っていることを押さえます。

9日

いつ、どこで、だれが、何《なに》をしたか

1 つぎの文章《ぶんしょう》を読《よ》んで、あとのといに答《こた》えましょう。

たけしくんがのはらでさがしものをしている。

「えーと、このへんだっけ」

あついまなつ。せなかには、まだランドセルをせおったまんま。

「①やっぱりここらかなあ。こっちのほうにころがったのに」

たいせつなあおいビーだま。だいすきなよしこちゃんにやっともらった②あのたからもの。あんなにしっかりにぎっていたのに、ころんだとき、たけしくんのてのひらからとびだしてしまった。

ちっ。ころんだとき、うったひざはいたいし、

⬇答えは69ページ

(1) ——①「やっぱりここらかなあ」とありますが、これはいつ、どこで、だれが、何《なに》をしているときの言葉《ことば》ですか。

いつ（　　　　）

どこで（　　　　）

だれが（　　　　）

何をしている（　　　　）

(2) ——②「あのたからもの」について、つぎのといに答えましょう。

① 「あのたからもの」とは、何ですか。つぎの［あ］・［い］にあてはまる言葉を、文中からそれぞれぬき出しましょう。

・［あ］にもらった［い］。

あ（　　　　）

月　日

シール

のどはかわいてからからだし、たけしくんのくちは、すっかりへのじ。

（そうだ、水をのんでから、もいっかいこよう）

そうおもいなおしてせをのばしたとき、くさのあいだに、おや、③みょうなものがみえた。

みどりいろのちっこいもの。

「へえ、かっぱ」

たけしくんはひろいあげた。

ごむでできているごむかっぱ。

そいっときたら、たけしくんの中ゆびぐらいの大きさしかない。

「なあんだ。おまえも□かおだな」

さがり目がしょぼん。なんだかなきつかれたみたいなかお。


（あまんきみこ「あおいビーだま」）

㋑（　　　）

② たけしくんは、「たからもの」をどうしてしまったのですか。

（　　　）

(3) ――③「みょうなもの」とありますが、これは何でしたか。文中から五字でぬき出しましょう。

□□□□□

(4) □にあてはまる言葉をつぎからえらび、記《き》号《ごう》で答えましょう。

ア おこった　　イ げんきのない
ウ おもしろい　エ たのしそうな

（　　　）

指導のコツ たけしくんが野原で探しものをしている場面です。いつ、どこで、何をするためにたけしくんは野原に来ているのかを押さえます。

10日

せつめいのじゅんじょを考《かんが》える（1）

⬇答えは69ページ

月／日

シール

1 つぎの文章《ぶんしょう》を読《よ》んで、あとのといに答《こた》えましょう。

もうせんごけは、日本でいちばんたくさんある、[①]を食《た》べるしょくぶつです。

みずごけのそだつ、日当《ひあ》たりのよい、しめったところに、よく見られます。

もうせんごけは、春《はる》から夏《なつ》にかけて、五センチメートルぐらいのえの先に、丸《まる》いはをつけます。はのふちと内《うち》がわには、たくさんの毛《け》が生え、毛の先から、水あめのような、すきとおったねばねばのえきを出しています。（②：ねばねばのえき）

虫がとんできて、うっかりはのえきにふれると、すぐにくっついてしまいます。

虫がにげようとしてもがけばもがくほど、ねばねばのえきをたくさん出します。[③]、毛

(1) [①]にあてはまる言葉《ことば》を、文中から一字でぬき出しましょう。

[　　]

(2) ―②「ねばねばのえき」とありますが、この「えき」はどのようなはたらきをしますか。つぎの[あ]・[い]にあてはまる言葉を、それぞれ答えましょう。

・虫を[あ]はたらき。

・虫を[い]はたらき。

あ（　　　）

い（　　　）

(3) [③]にあてはまる言葉をつぎからえらび、記《き》号《ごう》で答えましょう。

やはがうごいて、虫をおさえつけるのです。ねばねばのえきには、虫をとかすものも入っています。虫をとかして、はからすいとり、自《じ》分《ぶん》のよう分にするのです。

（中りゃく）

そのほか、はをとじて虫をはさんでしまうはえとりぐさや、水の中にういていて、小さなふくろを作《つく》り、その中に虫をすいこんでとらえるたぬきもなどもあります。

虫を食べるしょくぶつは、自分の生えているところだけでは、十分なよう分がとれないために、このように、④いろいろなやり方《かた》で虫をとらえるようになったのです。

しぜんのしくみには、本当《ほんとう》に、おどろくようなことがたくさんあります。

（清水《しみず》　清《きよし》「虫を食べるしょくぶつ」　平成八年度版学校図書「小学校こくご2年下」）

ア　しかし　　イ　だから
ウ　そして
（　　）

(4) ——④「いろいろなやり方で虫をとらえるようになった」とありますが、「はえとりぐさ」はどのようにして虫をとらえるのですか。
（　　　　　　　　　　）

(5) つぎのア〜ウを、この文章でせつめいされているじゅんばんにならべかえましょう。
ア　もうせんごけの虫のとくちょうととらえ方
イ　ひっしゃのまとめ
ウ　もうせんごけいがいのしょくぶつの虫のとらえ方
（　　→　　→　　）

指導のコツ　食虫植物について書かれた文章です。「もうせんごけ」を中心に説明しながら、例1→例2→まとめ　という文章の構成になっていることを押さえます。

11日

せつめいのじゅんじょを考《かんが》える (2)

月　日

シール

1 つぎの文章《ぶんしょう》を読《よ》んで、あとのといに答《こた》えましょう。

①おはしは三千年《さんぜんねん》いじょう前《まえ》、中国《ちゅうごく》で生まれたらしい。それよりも前は手で食《た》べていたということだ。スープなどをのむためのレンゲやスプーンといっしょにつかわれ、それが近《ちか》くの国々《くにぐに》にも広《ひろ》まった。

日本《にほん》にも、さいしょはおはしとスプーンのセットが入ってきたが、木のうつわやちゃわんがつかわれ、しるのものもうつわをじかに口につける食べかたがふつうになり、②スプーンはつかわなくなった。おはしだけになった。

③中国やベトナムのおはしは、日本のものよりも長《なが》い。大きなさらにもったりょう理《り》を、みんなの中央《ちゅうおう》におき、手をのばして食べるからだ。

↓答えは70ページ

(1) ――①「おはし」とありますが、これはどこの国で生まれたものですか。

（　　　　）

(2) ――②「スプーンはつかわなくなった」とありますが、日本でスプーンをつかわなくなったのはなぜですか。つぎの□にあてはまる言葉《ことば》を、文中からぬき出しましょう。

・□という食べかたがふつうになったから。

（　　　　）

(3) ――③「中国やベトナムのおはし」について、つぎのといに答えましょう。

①日本のおはしは、「中国やベトナムのおはし」より長いですか、みじかいですか。

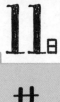

日本ではむかしは一人《ひとり》一人のおぜんにりょう理をもったから、みじかいおはしでよかったのだ。

お父《とう》さんのおはし、子どものおはしと分《わ》かれているのも日本だけ。ほかの国では、「だれのおはし」ときめられてはいない。同《おな》じものをつかうのだ。

ただ、モンゴルでは、肉《にく》のかたまりを切《き》り分けるナイフとおはしがセットになっていて、一人ずつもっている。同じように中国からつたわったものでも、その国のしょくじのしかたで、ちがうものになっていったのだ。

（森枝卓士《もりえだたかし》「手で食べる？」）

（　　　　）

② なぜ日本のおはしは①のようになったのですか。つぎの□にあてはまる言葉を、文中からぬき出しましょう。

・大きなさらにもったりょう理をとるのではなく、□にりょう理をもっていたから。

（　　　　）

(4) つぎのア～エを、この文章でせつめいされているじゅんばんにならべかえましょう。

ア 日本におはしが入ってきたときのこと。

イ しょくじのしかたでつかうものもかわること。

ウ おはしはどこで生まれたか。

エ おはしの長さが国によってちがうこと。

（　→　→　→　）

指導のコツ 段落ごとに書かれている内容を押さえ、説明の展開を読み取ります。

➡答えは70ページ

月　日

時間 20分 〔はやい15分・おそい25分〕
合格 80点
得点　　点
シール

1 **つぎの文章《ぶんしょう》を読《よ》んで、あとのといに答《こた》えましょう。**

人間《にんげん》は食《た》べものを食べて①しょうかきのなかをとおしているあいだに、食べものをばらばらにして、えいようをからだにとりこみ、これをエネルギーのもとにします。

まず口に入れた食べものを、はでこまかにくだき、だえきとまぜます。

よくかまなかったり、のみこんだりすると、あとのしょうかやきゅうしゅうがうまくゆきません。

しょくどうはのどのところで、はなからの空《くう》気《き》の道《みち》とつながり、そのおくでは、はいへゆく気かんがわかれています。

［　　］、いそいで食べたりすると、食べも

(1) ──①「しょうかき」は、どのようなはたらきをしていますか。つぎの［あ］・［い］にあてはまる言葉《ことば》を、文中からそれぞれ四字と五字でぬき出しましょう。（一つ15点《てん》―30点）

・食べものがもつ［あ］をとりこみ、［い］のもとにするはたらき。

あ［　　　　］
い［　　　　　］

(2) ［　　］にあてはまる言葉をつぎからえらび、記《き》号《ごう》で答えましょう。（10点）

ア ですから　イ ところが
ウ たとえば

（　　）

のがはなからとびだしたり、むせたりします。

ゆっくりよくかんで食べた食べものがいにくると、いのかべから食べものをとかすえきがでてきます。

そして、よくまじるよう、あついきん肉《にく》でできたいはいろいろ形《かたち》をかえ、②のびちぢみしてうごきます。

小ちょうでは、だえきやしょうかえきとまじってとけた食べものがやってくると、えいようをこまかなかべのいぼいぼですいとり、けつえきやリンパえきにまぜてはこびます。

大ちょうは、のこりのえいようと水分《すいぶん》を、かべをとおしてきゅうしゅうします。

こうしてのこった食べもののかすや、からだのなかのあかやいらなくなったものがあつまってべんとなり、からだの外《そと》にでてゆきます。


（加古里子《かこさとし》「人間」）

(3) ——②「のびちぢみしてうごきます」とありますが、いがのびちぢみするのはなぜですか。つぎの[あ]・[い]にあてはまる言葉を、文中からそれぞれ一字と二字でぬき出しましょう。（一つ15点—30点）

・[あ]にたどりついた食べものと、食べものをとかす[い]がよくまじるようにするため。

あ [　]　い [　][　]

(4) つぎのア〜オを、この文章でせつめいされているじゅんばんにならべかえましょう。（30点）

ア しょくどうの話《はなし》　イ いの話
ウ 小ちょうの話　エ 大ちょうの話
オ 口の話

（　→　→　→　→　）

理由《りゆう》を考《かんが》える (1)

1 **つぎの文章《ぶんしょう》を読《よ》んで、あとのといに答《こた》えましょう。**

夕立《ゆうだち》のふりそうな日でした。

たけしはにわの小みちをはっていくがまがえるのあとをつけていきました。

すると、そこへ黒《くろ》いこねこがあらわれ、前足《まえあし》を出してがまがえるをつかまえようとしました。

がまがえるは足をつっぱり頭《あたま》をひくく下げ、おしりを上げてこねこをにらみつけました。

①こねこはこわくなったのか、にげていきました。

こねことい れかわりに、こんどは大きなみけねこがあらわれました。

みけねこはがまがえるのおどかしにもへいき

(1) ―①「こねこはこわくなったのか、にげていきました」とありますが、こわくなったのは、なぜですか。つぎの□にあてはまる言葉《ことば》を、文中から五字でぬき出しましょう。

・□がにらみつけてきたから。

(2) ―②「みけねこはひめいをあげ、とびあがってにげていきました」とありますが、ひめいをあげたのは、なぜですか。つぎの□にあてはまる言葉を、文中から四字でぬき出しましょう。

・がまがえるが、みけねこの口に□を出したから。

↓答えは71ページ

月　日

シール

で、がまがえるをくわえようとしました。

「ぎゃあっ」

②みけねこはひめいをあげ、とびあがってにげていきました。

がまがえるの目の上にある耳せん*《じ》から、どくじるがみけねこの口の中に出されたのでしょう。

11月のおわりごろになると、③がまがえるたちはすがたをあらわさなくなりました。

冬《とう》みんしてしまったのでしょう。

「どこで冬みんしているのかなあ。」

たけしはさびしくなりました。

春《はる》、3月になりました。

がまがえるがたまごを生むきせつです。

④たけしは、なかよしのあきこちゃんと、池《いけ》や水たまりをさがしてあるきました。

（真船和夫《まふねかずお》「まちのなかのかえる」）

*耳せん＝かえるの体《からだ》にある、どくじるを出す部分《ぶぶん》の名前《なまえ》。

(3) ――③「がまがえるたちはすがたをあらわさなくなりました」とありますが、なぜですか。

（　　　　）

(4) ――④「たけしは、なかよしのあきこちゃんと、池や水たまりをさがしてあるきました」とありますが、なぜ池や水たまりをさがしてあるいたのですか。理由《りゆう》をつぎからえらび、記号《きごう》で答えましょう。

ア 冬みん中のがまがえるをさがすため。

イ たまごを生むがまがえるをさがすため。

ウ おたまじゃくしをさがすため。

（　　）

指導のコツ 「ねこ」が対峙している場面を中心に押さえます。「がまがえる」よりも大きな「ねこ」が逃げ出した理由を読み取ることが大切です。

14日

理由《りゆう》を考《かんが》える (2)

↓答えは71ページ

月　日

シール

1 つぎの文章《ぶんしょう》を読《よ》んで、あとのといに答《こた》えましょう。

さむいときには、人間《にんげん》は、ふくをきて体《からだ》をあたためます。ふくをきてあたたかいのは、体から出るねつを、ふくが外《そと》に出さないからです。また、外のつめたい空気が入るのを、ふくがふせぐやくめもしています。

それでは、①あついときに、ふくをきるのはなぜでしょう。それは、あついたいようのねつをうけないようにするためです。たいようのねつがちょくせつ体に当《あ》たらないように、ふくがふせいでいるのです。

また、体をうごかすと、体がねつを出し、あせをかきます。このねつやあせを早く外に出さなくてはなりません。そこで、[②]ふくを

(1) ――①「あついときに、ふくをきるのはなぜでしょう」とありますが、その理由《りゆう》をつぎから二つえらび、記号《きごう》で答えましょう。

ア 体から出るねつをにがさないため。
イ 外のつめたい空気をふせぐため。
ウ ねつやあせを外に出すため。
エ たいようのねつをふせぐため。

（　　）（　　）

(2) [②]にあてはまる言葉《ことば》をつぎからえらび、記号で答えましょう。

ア うすくて風通《かぜとお》しのよい
イ 空気が入ってくるのをふせぐ
ウ 黒《くろ》や茶色《ちゃいろ》などのこい色の

（　　）

きるのです。

人間は、ふくをきて、さむさやあつさから体をまもっているのです。

日本《にほん》のきせつのうつりかわりは、とてもはっきりしています。わたしたちは、それに合《あ》わせて、いろいろなふくをきます。

春《はる》になると、あたたかい冬《ふゆ》のふくともおわかれです。夏《なつ》になると、ふくはシャツ一まいですませることもあります。秋《あき》になると、はだざむさをふせぐふくがひつようになります。冬には、さむさがきびしくなり、［③］ふくをきます。

（神山恵三《かみやまけいぞう》「人はなぜふくをきるか」）

(3) ［③］にあてはまる言葉をつぎからえらび、記号で答えましょう。
ア　たいようのねつをふせぐ
イ　風をよく通す
ウ　さむさをふせぐ
エ　あせを外に出す
（　　）

(4) 人間はなぜふくをきるのですか。つぎの［あ］・［い］にあてはまる言葉を、文中からそれぞれ三字でぬき出しましょう。
・［あ］や［い］から体をまもるため。
あ［　　　］
い［　　　］

指導のコツ 文章の中で問題が提起され、その問題に対する答えが続く内容に書かれています。問題のあとからその答えを探していきます。

15日

気《き》持《も》ちを読《よ》みとる (1)

1 つぎの文章《ぶんしょう》を読《よ》んで、あとのといに答《こた》えましょう。

ぼくがなんどしっぱいしても、さとしはいやな顔《かお》しないではげましてくれた。

「ちがうよ～もっと上にむかってけるんだってば」

しっぱいするたびに、さとしは①あかるい声《こえ》でアドバイスしてくれた。

それでもぼくは、さかあがりができなかった。やってもやっても、できそうな気がしなかった。だんだんはらが立ってきた。

さいしょは自分《じぶん》に。

そのうち、

「おしいおしいもうちょいだよ」

と、あいかわらず□していることしにも、

(1) ――①「あかるい声」とありますが、このときのさとしの気《き》持《も》ちとしてあてはまるものをつぎからえらび、記号《きごう》で答えましょう。

ア 「ぼく」がしっぱいするのがうれしい。

イ 「ぼく」のさかあがりを見るのはおもしろい。

ウ 「ぼく」がしっぱいしても元気づけたい。

（　　）

(2) □にあてはまる言葉《ことば》をつぎからえらび、記号で答えましょう。

ア きょろきょろ　　イ にこにこ

ウ どきどき　　エ いらいら

（　　）

(3) ――②「うるさいなぁ。いいからもう帰れよ!」とありますが、「ぼく」はなぜこう言《い》ったのですか。つぎの□にあてはまる言葉を、文中から八字でぬき出しましょう。

↓答えは71ページ

月　日

シール

はらが立った。

なんだか、ぼくのしっぱいをよろこんでいるように見えた。

とうとう、ぼくはがまんできなくていってしまった。

「②うるさいなぁ。いいからもう帰《かえ》れよ！」

さとしは③びっくりした顔をして、ぼくを見た。あつい中を、日がくれるまでつきあってくれたのに。

わらっていたのは、おちこむぼくを元気《げんき》づけるためだって、知《し》っていたのに。

さとしをおこらせた自分が、いやになった。いくらやってもさかあがりのできない自分が、いやになった。
④くやしくてなさけなくてなきたくなった。
（福田岩緒《ふくだいわお》「しゅくだいさかあがり」）

・すべてに□から。

(4) ③「びっくりした」とありますが、その理《り》由《ゆう》をつぎからえらび、記号で答えましょう。
ア「ぼく」がどなったから。

イ「ぼく」がなき出したから。

ウ「ぼく」があきらめたから。

（　）

(5) ④「くやしくてなさけなくてなきたくなった」とありますが、その理由を答えましょう。
（　）

指導のコツ　さかあがりができない自分へのいら立ちが重なり、友達に八つ当たりしてしまう「ぼく」の気持ちを押さえます。

気《き》持《も》ちを読《よ》みとる (2)

月　日

シール

1 つぎの文章《ぶんしょう》を読《よ》んで、あとのといに答《こた》えましょう。

きょうのはいたつの一ばんはじめは、こでまりのしたにすむねずみのおじょうさん。①まちのようふくやさんからのこづつみをとどけます。

「ゆうびんやさん、ありがとう。あしたのおたんじょうびにきるドレスなの。」

二ばんめのはいたつは、きいちごのしげみにすむあなぐまさん。てがみをよみながら、ないたり、わらったり。

「②まごのひとりはびょうきがなおり、もうひとりのまごがびょうきになり、あたらしいまごがまたうまれた。」

三ばんめのはいたつは、やまぶきのしたにすんでいるもぐらさん。おじいさんからきたてが

↓答えは72ページ

(1) ―①「まちのようふくやさんからのこづつみ」のなかみは何《なん》でしたか。つぎの［あ］・［い］にあてはまる言葉《ことば》を、文中からそれぞれぬき出しましょう。

・［あ］があしたのおたんじょうびにきる［い］。

あ（　　）

い（　　）

(2) ―②「まごのひとりは……あたらしいまごがまたうまれた」とありますが、このときのあなぐまさんの気《き》持《も》ちをつぎから二つえらび、記号《きごう》で答えましょう。

ア　うれしい　　イ　うらめしい

ウ　かなしい　　エ　おそろしい

（　　）（　　）

みをよむと、びっくりぎょうてん。

「どこへいっちゃったのかとおもってたら、③おじいさんは、もりのはずれのかしのきのねっこのしたあたりをほってるんだって。」

四ばんめのはいたつはとうしんそうのみぞのとかげさん。それはいとこのとかげさんからきたてがみでした。

「まあ、ぬまのむこうにおいしそうなはえがとんでるんですって。」

これできょうのはいたつはおしまい。
④はりねずみさんはきりかぶにこしかけて、ゆうびんかばんからおべんとうをだしました。

〈舟崎靖子《ふなざきやすこ》「もりのゆうびんきょく」〈偕成社刊〉〉

(3) ――③「おじいさんは、……ねっこのしたあたりをほってるんだって」とありますが、このことを知《し》ったもぐらさんの気持ちを、文中から九字でぬき出しましょう。

(4) ――④「はりねずみさんは……おべんとうをだしました」とありますが、このときのはりねずみさんの気持ちをつぎからえらび、記号で答えましょう。

ア　やっとしごとがおわったぞ。
イ　あとひとがんばりしよう。
ウ　ぼくもてがみがほしいなあ。

（　　）

指導のコツ　はりねずみさんがもりの動物たちに手紙を配達をする話です。それぞれがどのような気持ちで配達されたものを受け取ったのかを丁寧に読み取ります。

17日

まとめテスト (3)

月　日

時間 20分〔はやい15分おそい25分〕
合格 80点
得点　点
シール

1 つぎの文章《ぶんしょう》を読《よ》んで、あとのといに答《こた》えましょう。

①なんといってもさむいのは、はなのあたまにちがいないわ。と、すみれちゃんはおもいます。だって、はなのあたまっていうのは、でっぱってるんだもん。

それで、すみれちゃんはさっそくうたをつくります。「さむい朝《あさ》のうた、もしくは、はなのあたまのうた」というのです。

そして、そっと②こころのなかでうたいはじめるのです。声《こえ》をださないのは、さむいからじゃなくて、登校《とうこう》のとちゅうだから。

はなのあたまは　つんとたかくなってて
つめたいくうきは　そこにとまるの
さむい朝は　いつもそうなの

(1) ――①「なんといってもさむいのは、はなのあたまにちがいないわ」とありますが、すみれちゃんはなぜ「はなのあたまにちがいない」と思《おも》ったのですか。つぎの[あ]・[い]にあてはまる言葉《ことば》を、文中からそれぞれ五字と七字でぬき出しましょう。（一つ20点《てん》―40点）

・はなのあたまは[あ]いて、[い]がそこにとまるから。

あ [　　　　　]
い [　　　　　　　]

(2) ――②「こころのなかでうたいはじめる」とありますが、「こころのなか」でうたったのはなぜですか。（20点）

（　　　　　　　　　　）

↓答えは72ページ

さむい朝は　いいお天気で
つめたくても　ぴかぴかしてるの
はなのあたまも　ぴかぴかしちゃうの

こころのなかでうたいおわると、すみれちゃんはとても［　　］しました。

われながら、なかなかいいうただとおもったのです。

「つめたいくうきはそこにとまるの」なんて、ちょっといいっていうか、もしかしたら、すごくじょうずっていっていいくらいじゃないかしらって。

でも、なんといってもすごいのは、題名《だいめい》だわ。

と、③すみれちゃんはかくしんしていました。

かくしんって、つよくしんじていることです。

（石井《いしい》睦美《むつみ》「すみれちゃんのすてきなプレゼント」）

(3) ［　　］にあてはまる言葉をつぎからえらび、記《き》号《ごう》で答えましょう。(20点)

ア がっかり　イ まんぞく
ウ どりょく　エ たいくつ

（　　）

(4) ―③「すみれちゃんはかくしんしていました」とありますが、このときのすみれちゃんの気持《きも》ちをつぎからえらび、記号で答えましょう。(20点)

ア この題名を考《かんが》えた人はすごい人だと感心《かんしん》している。
イ この題名をもっといいものに直《なお》したいとなやんでいる。
ウ とてもいい題名をつくることができてよろこんでいる。
エ うたよりも題名のほうが人気なのでおどろいている。

（　　）

18日 物《もの》語《がたり》を読《よ》む (1)

1 つぎの文章《ぶんしょう》を読《よ》んで、あとのといに答《こた》えましょう。

りすのこは、しっぽのさきにちょうちょをとまらせて、教室《きょうしつ》へはいってきました。

たぬきのこは、おべんとうによもぎだんごをもってきました。

「①春《はる》がきたのね。」

ひつじ先生が、にこにこしていいました。

すると、きつねのこが、

「ぼくのところは、まだ冬《ふゆ》です。まわりに雪《ゆき》がのこっています。」

［　　］顔《かお》をして、いいました。

「きつねくんのおうちは、山のなかだから、春がくるのがおそいのね。でも、もうすぐあたたかになりますよ。」

(1) ――①「春がきたのね」とありますが、ひつじ先生に春がきたと思《おも》わせたものを、文中から二つぬき出しましょう。

（　　　　）（　　　　）

(2) ［　　］にあてはまる言葉《ことば》をつぎからえらび、記《き》号《ごう》で答えましょう。

ア　おもしろそうな　イ　つまらなそうな

ウ　はずかしそうな

（　　　　）

(3) ――②「赤いもの」とは何《なん》でしたか。

（　　　　）

⬇答えは73ページ

月　日

シール

先生は、こくばんに「春」と書《か》きながらいいました。

学校から帰《かえ》ると、きつねのこは、うちのまわりを歩《ある》いてみました。

花もさいていなければ、ちょうちょのすがたもみえません。足もとの雪もそのままです。と、雪の下から、②赤いものがちらりとみえました。雪をかきわけると、赤いボールがでてきました。

冬のはじめにみうしなった、きつねのこのボールでした。

「ここにあったのか。きのうはみえなかったから、雪がすこしとけたんだ。」

きつねのこは、うちへかけこむと、

③「お母《かあ》さん、春がきてるよ!」

大声《おおごえ》でさけびました。

(森山《もりやま》 京《みやこ》「おはなしぽっちり」)

(4) ―③「お母さん、春がきてるよ!」について、つぎのといに答えましょう。

① 「春がきてる」ときつねのこが言《い》ったのはなぜですか。つぎの□にあてはまる言葉を、文中から八字でぬき出しましょう。

・□ことに気づいたから。

② このときのきつねのこの気持《きも》ちをつぎからえらび、記号で答えましょう。

ア こわがっている気持ち。

イ おどろいている気持ち。

ウ よろこんでいる気持ち。

( )

指導のコツ きつねのこの目線で春の訪れを描いた場面です。冬の初めになくしたボールが見つかったことから、春の訪れに気づいたときの気持ちを押さえます。

物《もの》語《がたり》を読《よ》む (2)

月　日

シール

1 **つぎの文章《ぶんしょう》を読《よ》んで、あとのといに答《こた》えましょう。**

シオカラトンボがいっしょにはしる。
ひなこのぼうしにとまって、とびたつ。
いけのうえをかぜがわたり、ぎんいろのかげがよこぎった。
「ギンヤンマ！」
おもわず、ぼくはゆびさした。
ひなこはわらって、①くるくるまわった。
「あそこにもあそこにもあそこにも！」
そのとき、ふっとあたりがくらくなった。
みあげると、たかいそらに、②ひこうきみたいなでっかいとんぼがうかんでいた。
（おうさまだ！　オニヤンマだ！）
ぼくがこころのなかでさけんだとき、

↓答えは73ページ

(1) ——①「くるくるまわった」とありますが、このときのひなこの気持《きも》ちとしてあてはまるものをつぎからえらび、記号《きごう》で答えましょう。

ア　びっくりしている気持ち。
イ　おもしろがっている気持ち。
ウ　こわがっている気持ち。

（　　）

(2) ——②「ひこうきみたいなでっかいとんぼ」とは、何《なん》のことですか。文中から五字でぬき出しましょう。

□□□□□

(3) □にあてはまる言葉《ことば》をつぎからえらび、記号で答えましょう。

ア　うで　イ　足　ウ　ひなこ

（　　）

「おうさまだ！　オニヤンマ！」

おなじことをひなこがいった。

ぼくは、あみをつかんでとんだ。

ぶん、と、ヘリコプターのようなおとが□につたわり、いっしゅん、からだがうかんだきがした。
③あみのなかにおうさまがいた。
みどりいろのおおきなめをぴかぴかひからせ、ぼくをみていた。

とらみたいにりっぱなかたをいからせて、くろいあしをがさっと1かいうごかした。

「……おおきいね。とりみたいにおおきいね」

ひとりごとみたいにひなこがいった。


（薫《くん》　くみこ「なつのおうさま」）

(4) ――③「あみのなかにおうさまがいた」について、つぎのといに答えましょう。

① これは、どういうことをあらわしていますか。「ということ。」につづくように答えましょう。

（　　　　　　　　　　　　　　　ということ。）

② 「おうさま」にたいするひなこの気持ちとしてあてはまるものをつぎからえらび、記号で答えましょう。

ア　あみのなかのすがたにがっかりしている。
イ　りっぱなすがたにかんどうしている。
ウ　とりみたいなすがたをおもしろがっている。

（　　）

指導のコツ　「ぼく」と「ひなこ」がとんぼのおうさまであるオニヤンマを捕まえる場面です。多用される比喩から、オニヤンマの姿を想像しつつ読み進めます。

1 つぎの文章《ぶんしょう》を読《よ》んで、あとのといに答《こた》えましょう。

山の村の小学校では、金曜《きんようび》日のちょうれいで、子どもたちがいまがんばっていることを、はっぴょうすることになっていました。なわとびやおてだま、ちょうれい台《だい》のうえでさかだちをしてみせた子もいます。作文《さくぶん》や国語《こくご》の本をよむ子もいました。

まい子も、なつやすみがおわって九月のすえには①そのじゅんばんがまわってきます。なにをはっぴょうしたらいいのかと、なつやすみちゅうからなやんでいました。

そんなとき、ものおきへしまいこんだおばあちゃんのふるいとだなから、けんだまがでてきました。

「こんなものが、どうしてしまいこんであった

➡答えは74ページ

(1) ——①「そのじゅんばん」とありますが、何《なに》をするじゅんばんですか。

(　　　　　　　　)

(2) ——②「まい子は、おもわず手をたたいていました」について、つぎのといに答えましょう。

① 「まい子」が「おもわず手をたたい」たのはなぜですか。つぎの あ・い にあてはまる言葉《ことば》を、文中からそれぞれ四字でぬき出しましょう。

・おばあちゃんが あ に い をやってみせたから。

あ [　　　　]

い [　　　　]

月　日

シール

のかねえ、おばあちゃんが子どもだったころ、はやったことがあったんだよ」

おばあちゃんはそんなことをいいながら、あかい玉をひょいっと大ざらの上にのせてみせました。

「おばあちゃん、すごい」

②まい子は、おもわず手をたたいていました。

「わたしにもやらせて」

まい子もやってみました。玉が大きくゆれたばかりです。さらの上になどのってはくれません。

「こしをおとしてさ、玉をさらにうけるんだよ」

おばあちゃんはいいました。口でいうほどかんたんではありません。それでもまい子はおもいました。おばあちゃんにできるんだもの、わたしにだってできる。③できるようになったら、みんなのまえではっぴょうしてみよう……。

（宮川《みやかわ》ひろ「しっぱいのれんしゅう」）

② このときのまい子の気持《きも》ちとしてあてはまるものをつぎからえらび、記号《きごう》で答えましょう。

ア うれしく思《おも》う気持ち。
イ びっくりする気持ち。
ウ ふしぎに思う気持ち。

（　　）

(3) ――③「できるようになったら、みんなのまえではっぴょうしてみよう……」とありますが、このときのまい子の気持ちとしてあてはまるものをつぎからえらび、記号で答えましょう。

ア がんばろうとつよく決心《けっしん》している。
イ なやみがなくなって安心《あんしん》している。
ウ できるかどうかを心配《しんぱい》している。

（　　）

指導のコツ まい子がけんだまを練習して、朝礼で発表しようと決意する場面が書かれています。「はっぴょう」「けんだま」をキーワードにして話題を押さえます。

月　日

時間 20分【はやい15分おそい25分】
合格 80点
得点 点
シール

1 つぎの文章《ぶんしょう》を読《よ》んで、あとのといに答《こた》えましょう。

①とうさんは、*トランクをけとばした。チカのうでからかさをとり、かさたてにつっこんだ。チカのせなかからリュックをむしりとって、ほうりなげた。

「あら、チカちゃん。いえでしないの？　おべんとうに、サンドイッチつくったのに。」

かあさんが、大きなかみぶくろをもってきた。

「もう、いえではとりやめだ。」

とうさんが□いった。

「それじゃ、このサンドイッチでおちゃにしましょう。」

かあさんがいった。とうさんはかみぶくろをやぶり、チカがもってきたさらに、サンドイッ

↓答えは74ページ

(1) ①「とうさんは、……ほうりなげた」とありますが、なぜ「とうさん」はこのようなことをしたのですか。(10点《てん》)

（　　　）

(2) □にあてはまる言葉《ことば》をつぎからえらび、記《き》号《ごう》で答えましょう。(10点)

ア どっしり　イ すっかり

ウ きっぱり

（　　　）

(3) ②「げんいんは、なんでしたの？」とありますが、何《なん》の「げんいん」ですか。つぎの□にあてはまる言葉を、文中からぬき出しましょう。(20点)

・チカが□をしようとしたげんいん。

（　　　）

チをならべた。

「ところで……。」

こうちゃをいれながら、かあさんがきいた。

「②げんいんは、なんでしたの？」

「どうしてもききたい？」

「できたらね。」

「あのね、チカ、③〈てんてんがり〉っていっちゃったの。」

「それを、とうさんがわらったんだよな。」

「そう、ちょっとまちがっただけなのに。④チカ、くやしくて、とうさんをけとばしたんだ。」

「てんてんがり？」

かあさんには、まだわからないようだった。

チカは、⑤えへっとわらって、まどのそとをみあげた。

「〈かんかんでり〉のことだったの。」


（正道《しょうどう》かほる「てんてんがり」）

＊トランク＝旅行用《りょこうよう》の大きなかばん。

(4) ――③「〈てんてんがり〉っていっちゃったの」とありますが、ほんとうは何といいたかったのですか。文中から六字でぬき出しましょう。（20点）

(5) ――④「チカ、くやしくて、とうさんをけとばしたんだ」とありますが、チカがくやしかったのはどのようなことですか。（20点）

(6) ――⑤「えへっとわらって、まどのそとをみあげた」とありますが、このときのチカの気持《きも》ちをつぎからえらび、記号で答えましょう。（20点）

ア　楽《たの》しくてしかたない気持ち。
イ　少《すこ》しはずかしい気持ち。
ウ　なんだかなきたい気持ち。

せつめい文を読《よ》む (1)

1 つぎの文章《ぶんしょう》を読《よ》んで、あとのといに答《こた》えましょう。

ヤドカリは、かたそうなこうらにおおわれているのに、なぜ①貝がらなんかに入っているのでしょうか。じつはヤドカリは、おなかの部分《ぶぶん》がやわらかく、はだかだと、きずついたり、ほかのどうぶつにおそわれたりしてきけんなのです。だから、貝がらというやどをかりて、みをまもっているわけです。そうすることで、ヤドカリは安心《あんしん》してうごきまわれるようになり、海《うみ》のいたるところへ、くらし場所《ばしょ》をひろげていきました。

では、海辺《うみべ》のほかの生きものたちは、どのようにくらしているでしょう。イソギンチャクやフジツボ、カイメンなどは、岩《いわ》にへばりついて

⬇答えは75ページ

(1) ―①「貝がら」とありますが、「貝がら」に入ることで、ヤドカリができるようになったことは何《なん》ですか。つぎの[あ]・[い]にあてはまる言葉《ことば》を、文中からそれぞれ六字と八字でぬき出しましょう。

・[あ]をまもることができるようになった。

・安心して[い]へ行けるようになった。

あ [　　　　　　]

い [　　　　　　　　]

(2) ―②「それ」がさしているものは、何ですか。「のくらし。」につづくように、文中の言葉をつかって答えましょう。

（　　　　　　　　のくらし。）

ほとんどうごかないし、アサリやゴカイは、海《かい》ていにもぐりこんでくらしています。うごきのはやいエビやカニでさえも、ふだんは岩のすきまや、海ていにほったあなに入りこんでいて、うごきまわりはしません。

②それにくらべれば、貝がらひとつですきなところへ行《い》けるヤドカリのくらしは、とても自由《じゆう》に見えます。［　　］、そんなヤドカリにも、「やどかり」生活《せいかつ》ゆえの、③なやみがあるのです。やどにするには、からだに合《あ》った貝がらをさがさなければならないし、大きくなったら、もっと大きな貝がらに引《ひ》っこさなければならないし、こわれてもしゅう理《り》できないし……。気ままそうに見えて、しゃく家《や》ずまい*も、けっこうたいへんなようです。

（今福道夫《いまふくみちお》「ヤドカリの海辺」）

*しゃく家ずまい＝家をかりてすむこと。

(3) ［　　］にあてはまる言葉をつぎからえらび、記《き》号《ごう》で答えましょう。

ア しかし　イ すると
ウ つまり

（　　）

(4) ——③「なやみ」とは、たとえばどのような「なやみ」ですか。つぎの［　　］にあてはまる言葉を、文中から三字でぬき出しましょう。

・［　　］に合わせて貝がらをかえなければいけないというなやみ。

［　　　］

(5) 「ヤドカリ」の生活についてのべたつぎの［あ］・［い］にあてはまる言葉を、文中からそれぞれ三字でぬき出しましょう。

・［あ］そうに見えて、［い］もおおい。

あ［　　　］

い［　　　］

指導のコツ 貝がらで危険から身を守っていること、貝がらに入って生活しているゆえの不便があることを押さえます。

23日

せつめい文を読《よ》む (2)

月　日

シール

➡答えは75ページ

1 つぎの文章《ぶんしょう》を読《よ》んで、あとのといに答《こた》えましょう。

ちかてつのこうじがはじまりました。

(中りゃく)

かいさくこうほうのこうじでは、[①]、どうろのりょうがわからつちがくずれてこないように、かべ――どどめへきをつくります。

そして、そのあいだをほっていきます。

あさくほったところで、うえにコンクリートやてつのいたをしきつめ――くるまがとおれるようにしておきます。

[②]、ふかくほりすすみます。

てっきんコンクリートのながいトンネルができあがりました。

③かいさくこうほうでつくられたトンネルは、

(1) [①]・[②]にあてはまる言葉《ことば》をつぎから一つずつえらび、記号《きごう》で答えましょう。

ア それから　イ しかし　ウ まず

①(　　)　②(　　)

(2) ――③「かいさくこうほうでつくられたトンネル」について、つぎのといに答えましょう。

① この「トンネル」は、何《なに》でつくられていますか。文中からぬき出しましょう。

(　　　　)

② この「トンネル」は、どのようなかたちをしていますか。

(　　　　)

(3) ――④「これからもつくられることでしょう」について、つぎのといに答えましょう。

みんなしかくいトンネルです。

トンネルができあがると、つちをもとのようにうめて——どうろをほそうします。

トンネルのなかには、レールをしきます。

ちかてつのえきも、ほとんどがかいさくこうほうでつくられます。

かいだんやじむしつなど、いろいろなせつびがつくりやすいからです。

かいさくこうほうのこうじは、たいてい、どうろのしたをほるので、たてものをどけたり、ふかくほらなくてもすみます。

そのため、これまでにたくさんのちかてつのトンネルが、このほうほうでつくられてきました。

そして、④これからもつくられることでしょう。

（加古里子《かこさとし》「地下鉄《ちかてつ》のできるまで」）

① 何がつくられるのですか。文中からぬき出しましょう。

（　　　　　　　）

② どのようなほうほうでつくられるのですか。文中からぬき出しましょう。

（　　　　　　　）

③ なぜ、「これからもつくられる」といえるのですか。つぎの あ ・ い にあてはまる言葉を、文中からそれぞれ四字と三字でぬき出しましょう。

・ちじょうの あ をうごかさなくても、こうじができるし、えきの い もつくりやすいから。

あ □□□□

い □□□

指導のコツ 地下鉄の工事について書かれた文章です。地下鉄のトンネルはたいてい「開削工法」でつくられることと、その工法の工程と利点をそれぞれ押さえます。

24日

せつめい文を読《よ》む (3)

月　日

シール

1 つぎの文章《ぶんしょう》を読《よ》んで、あとのといに答《こた》えましょう。

森で野《の》ネズミを見ようと思《おも》ったら、「どこで、まてばよいだろう」などと、①場所《ばしょ》をえらぶひつようは、ありません。野ネズミのすんでいない森は、ないのですから、山道《やまみち》のわきの土手であろうと、山道をはなれた森のおくだろうと、どこでもよいのです。

（中りゃく）

おちばをふんで走《はし》りまわる野ネズミは、森のあちこちにある、石やツタなどがつまれた下のかくれ場にはいります。そしてかくれ場をいどうしながら、ときどき、すっと顔《かお》をのぞかせて、あたりをうかがいます。

野ネズミは、とても小さなどうぶつです。か

(1) ――①「場所をえらぶひつようは、ありません」とありますが、なぜですか。理由《りゆう》を答えましょう。

（　　　　　　　　）

(2) ――②「よいことと、わるいことがある」について、つぎのといに答えましょう。

① 「わるいこと」とは、どのようなことですか。つぎの□にあてはまる言葉《ことば》を、文中から十六字でぬき出しましょう。

・□にねらわれやすい。

↓答えは76ページ

らだが小さいことには、②よいことと、わるいことがあるようです。

からだが小さいと、たくさんのどうぶつにねらわれます。キツネやフクロウだけではありません。イタチやヘビなど、野ネズミを食《た》べようとするどうぶつがたくさんいるのです。森のなかでは、うかうかしてはいられません。

けれども、からだが小さいと、石の下、岩《いわ》のわれめ、木のねもと、たおれた木の下、やぶのなか、それにモグラのトンネルのなかなど、森にあるたくさんのすきまに、かくれることができます。これが、からだが小さいことの、よいほうのいみなのです。

野ネズミたちは、ふだん、わたしたちの目にはいらない③小さなすきまを、じょうずにつかっているのです。

（今泉吉晴《いまいずみよしはる》「野ネズミの森」）

② 「よいこと」とは、どのようなことですか。つぎの□にあてはまる言葉を、文中から八字でぬき出しましょう。

・森の中の□にかくれることができる。

(3) ――③「小さなすきま」とありますが、野ネズミはこの「小さなすきま」をどのような場所としてつかっていますか。あてはまる言葉を、文中から四字でぬき出しましょう。

ひらがな三字、漢字《かんじ》一字で答えよう。

指導のコツ 野ネズミのからだが小さいことの利点と欠点について書かれた文章です。からだが小さいからこそ可能になることもあれば、悩みもあることを押さえます。

25日

まとめテスト(5)

1 つぎの文章《ぶんしょう》を読《よ》んで、あとのといに答《こた》えましょう。

①コウモリは身近《みぢか》にいて、夜空《よぞら》でよくとびまわっている。いってみれば、"夜《よる》の鳥《とり》"みたいなものだ。

でも、鳥じゃないから、たまごはうまない。空をとぶことができるとくべつなほにゅうるい、それがコウモリだ。

地球全体《ちきゅうぜんたい》でみると、コウモリは1000しゅぐらいいて、ほにゅうるい全体のやく4分《ぶん》の1をしめている。つまり、それだけさかえている生きものってことだ。だからそこらへんをちょっとさがせば、コウモリなんてすぐにでも見つかりそうに思《おも》えてくる。

[②]このごろの日本では、あまり見かけな

(1) ——①「コウモリ」について、つぎのといに答えましょう。

① 「コウモリ」は、どのような生きものですか。「夜空」という言葉《ことば》をつかって答えましょう。(15点《てん》)

(　　　　　　　　　　)

② ①のような生きものであることから、文中では「コウモリ」を何《なん》とよんでいますか。三字でぬき出しましょう。(15点)

[　][　][　]

(2) [②]にあてはまる言葉をつぎからえらび、記《き》号《ごう》で答えましょう。(15点)

ア ところが　イ または

ウ すると

(　　　)

↓答えは76ページ

月　日

時間 20分 [はやい15分おそい25分]
合格 80点

得点　点

シール

い。いなくなったわけではないが、[③]見つけだすのがむずかしくなってきた。

そうなんだ。コウモリは、しらないうちにへっている。これまでに日本で発見《はっけん》されたやく40しゅのコウモリのうち、2しゅはすでにぜつめつした。生きのこったうちの30しゅも、いまにもほろびようとしている。

④このことは意外《いがい》に、しられていない。しかも、⑤コウモリがへるげんいんをつくっているのはぼくたち人間《にんげん》だということは、もっとしられていない。コウモリをわざわざほろぼそうとかんがえるひとはいないと思うけど、人間にとってはなんでもないへんかが、しらずしらずのうちにコウモリのすみかをうばうことになるようだ。

（谷本雄治《たにもとゆうじ》「コウモリたちのひっこし大計画《けいかく》」）

(3) [③]にあてはまる言葉をつぎからえらび、記号で答えましょう。（15点）

ア 場所《ばしょ》をえらばないと　イ 夜でなければ

ウ 人間をこわがるから

（　　）

(4) ―④「このこと」とはどういうことですか。つぎの[あ]・[い]にあてはまる言葉を、文中からそれぞれぬき出しましょう。（一つ10点―20点）

・[あ]がいまにも[い]としていること。

あ（　　）

い（　　）

(5) ―⑤「コウモリがへるげんいんをつくっているのはぼくたち人間」とありますが、なぜそういえるのですか。（20点）

（　　）

26日

しを読《よ》む (1)

1 つぎのしを読《よ》んで、あとのといに答《こた》えましょう。

いまの「いま」

おおわしひろし

あさひを　あびて　つばさ　ひからせ
そらに　はばたく　ぼくは　おおわし
さんぽしていた　わたぐもが
ぼくをみていった
ああ　きみは　まるで
「①ひかる　ひとりぼっち」だ
そうなんだ！
[　]で　とぶときの

↓答えは77ページ

(1) このしの場面《ばめん》は、一日のうちのどの時間《じかん》ですか。あてまるものをつぎからえらび、記号《きごう》で答えましょう。

ア 朝《あさ》　イ 昼間《ひるま》　ウ 夜中《よなか》

（　　）

(2) ――①「ひかる　ひとりぼっち」とありますが、これは、だれがだれに言《い》った言葉ですか。つぎの[あ]・[い]にあてはまる言葉を、それぞれ文中からぬき出しましょう。

・[あ]が[い]にむかって言った。

あ（　　）

い（　　）

月　日

シール

ぼくのまわりを　ながれるじかんは
はじまりもなく　おわりもなく
ほんじつ　ただいま
いまの「いま」だけ！

あさひを　あびて　つばさ　ひからせ
ひとりぼっちは　さびしいが
ひとりぼっちは　ほこらしい

ね、おひさま　いまぼくは
②あなたとおなじ　きもちです

（工藤《くどう》直子《なおこ》「わっしょいのはらむら」）

(3) □にあてはまる言葉を、文中から六字でぬき出しましょう。

(4) ―②「あなたとおなじ　きもちです」について、つぎのといに答えましょう。

① 「あなた」とは、だれのことですか。文中から四字でぬき出しましょう。

② 「おなじ　きもち」とは、どのような「きもち」ですか。あてはまる言葉を、文中から二つぬき出しましょう。

（　　　）
（　　　）

指導のコツ 朝日を浴びながら大空を羽ばたくおおわしになりきって書かれた詩です。おおわしが羽ばたいている場面を想像しながら、おおわしの気持ちになって、言葉を丁寧に味わいます。

しを読《よ》む (2)

1 つぎのしを読《よ》んで、あとのといに答《こた》えましょう。

白いスニーカー　高木《たかぎ》あきこ

あたらしいスニーカー　買《か》ってもらった
まっ白のスニーカー
はじめて　ひもを　自分《じぶん》で通《とお》した
どんなふうに　通そうか……
にいちゃんのスニーカーを見ながら考《かんが》えた
むずかしかった
①なんべんも　やりなおしをした
まっ白のスニーカーをはいて　外《そと》へ出る
世中をぴんとのばして歩《ある》きだす
［　　］と
足もとに　白い風《かぜ》が生まれる

↓答えは77ページ

(1) ――①「なんべんも　やりなおしをした」とありますが、なぜですか。つぎの ㋐・㋑ にあてはまる言葉《ことば》を、文中からそれぞれ二字と七字でぬき出しましょう。

・スニーカーの ㋐ を通すのが ㋑ から。

㋐［　　］
㋑［　　　　　　　］

(2) ［　　］にあてはまる言葉をつぎからえらび、記《き》号《ごう》で答えましょう。

ア　さっさっさっ
イ　とことことこ
ウ　そろそろそろ

（　　）

月　日

シール

走《はし》りたい　走りたい
②足が　うたいだす
足が　わらいだす
がまんできずに　走りだす
――どうだ　いいだろ
どうだ　いいだろっ――

くつが　はずむ
③心《こころ》が　はずむ
太陽《たいよう》がまぶしい
青空がよんでいる
自分ひとりで
どこまでも　どんなところへも
行《い》けそうな気持《きも》ち

うん　もうへいき　気にしない
きのう　だれかにいわれた
わるくちなんか
とっくのむかしに　ふっとんじゃって

(3) ――②「足が　うたいだす／足が　わらいだす」とありますが、ここにはどのような気持ちがあらわされていますか。あてはまる言葉を、文中から四字でぬき出しましょう。

(4) ――③「心が　はずむ」とありますが、このときの気持ちとしてあてはまるものをつぎからえらび、記号で答えましょう。

ア 白い風を生むことのできるスニーカーをみんなにじまんしたい。

イ にいちゃんのスニーカーよりもかっこいいのを買《か》ってもらえたので、うれしい。

ウ あたらしいスニーカーがうれしいので、どこまでも走りたい。

（　　）

指導のコツ 買ってもらったばかりのスニーカーをはいた喜びにあふれた詩です。「足が　うたいだす／足が　わらいだす」「くつが　はずむ」などの表現を押さえます。

手紙《てがみ》・生活文《せいかつぶん》を読《よ》む (1)

月　日

シール

1 つぎの文章《ぶんしょう》を読《よ》んで、あとのといに答《こた》えましょう。

木村《きむら》ゆうき［　　］へ

お元気《げんき》ですか。ぼくも、二年一組《くみ》のみんなも元気です。

新《あたら》しい小学校はどうですか。

ぼくたちは、木村くんが引《ひ》っこしてしまって、少《すこ》しさみしいです。

木村くんは人気者《もの》だったので、きっと新しいクラスでもともだちがたくさんできて、楽《たの》しい毎日《まいにち》をすごしていると思《おも》います。

さて、十一月十三日に、ぼくたちの小学校ではっぴょう会《かい》があります。

➡答えは78ページ

(1) この手紙《てがみ》は、だれに出した手紙ですか。

（　　　　　　　　）

(2) この手紙のないようについて、つぎのといに答えましょう。

① この手紙であんないしている行事《ぎょうじ》は、何《なん》ですか。文中からぬき出しましょう。

（　　　　　　　　）

② ①の行事があるのはいつですか。文中からぬき出しましょう。

（　　　　　　　　）

③ 「ぼくたちのクラス」は、その行事で何をするのですか。文中からぬき出しましょう。

（　　　　　　　　）

一年生のとき、「おとうとねずみチロ」のげきをはっぴょうしたことをおぼえていますか。

木村くんはチロのやくでしたね。

今回《こんかい》、ぼくたちのクラスは「スーホの白い馬《うま》」のげきをはっぴょうします。はっぴょうは、十一時《じ》からです。

せりふやうごきなど、おぼえることがたくさんあってたいへんだけど、みんなで一生けんめいれんしゅうしています。いしょうも自分《じぶん》たちでつくっていますが、いろんなふくを組《く》み合《あ》わせたり、おり紙《がみ》でかざりをつくったり、みんなでくふうをしながらつくっています。見どころがいっぱいなので、ぜひ見に来《き》てください。

木村くんに会《あ》えるのをとても楽しみにしています。

十月十一日

(3) この手紙には書《か》きわすれていることがあります。それは何ですか。つぎからえらび、記号《きごう》で答えましょう。
ア 自分の名前《なまえ》
イ 行事のある場所《ばしょ》
ウ クラスの様子《ようす》
（　　）

(4) □にあてはまる言葉《ことば》を、考《かんが》えて答えましょう。
（　　）

(5) この手紙では、どのような気持《きも》ちをつたえようとしていますか。
（　　）

指導のコツ 手紙、特に招待状を送る時は、用件をわかりやすくまとめることが大切です。丁寧な言葉づかいも忘れないようにします。

手紙《てがみ》・生活文《せいかつぶん》を読《よ》む (2)

↓答えは78ページ

月　日

シール

1 つぎの文章《ぶんしょう》を読《よ》んで、あとのといに答《こた》えましょう。

わたしのかいた絵《え》が、絵画《かいが》コンクールで金しょうをとりました。図工《ずこう》の時間《じかん》に学校の校門《こうもん》のそばにある大きな木をかいたものです。

「ひよりさんがかいた絵が、絵画コンクールで金しょうにえらばれました。夏休《なつやす》みの間《あいだ》、けんみんホールにてんじされるので、ぜひ見に行《い》ってください。」

と、朝《あさ》の会《かい》で先生が言《い》ったので、①わたしはびっくりしました。

なぜなら、わたしは絵をかくことがとくいではなかったからです。

「おめでとう。すごいね。」

「ぜったい見に行くからね。」

(1) この文章は、何《なに》について書《か》かれたものですか。つぎの[あ]・[い]にあてはまる言葉《ことば》を、文中からそれぞれぬき出しましょう。

・「わたし」が[あ]で[い]をとったこと。

あ（　　　）

い（　　　）

(2) ——①「わたしはびっくりしました」とありますが、なぜびっくりしたのですか。

（　　　）

(3) [　]にあてはまる言葉をつぎからえらび、記《き》号《ごう》で答えましょう。

などといって、ともだちがはく手をしてくれました。わたしは、［　　］けれど、とてもうれしくなりました。

絵をかくとき、はっぱが風《かぜ》にゆれているところをくふうしてみたり、いつもよりていねいにぬってみたりしました。

②それがよかったのかなと思《おも》います。

家《いえ》に帰《かえ》ってから、お母《かあ》さんと父《とう》さんにほうこくをしたら、③二人《ふたり》ともすごくよろこんでくれました。

「夏休みになったら、見に行こう。」

「そんなにすてきだったのね。早く見たいな。」

と、すごくにこにこするので、わたしはてれくさい気持《きも》ちになりました。

わたしは、てんじされた絵を見に行くのが楽《たの》しみです。

ア　はらが立った　　イ　はずかしかった

ウ　かなしかった　　（　　）

(4)　――②「それがよかったのかな」とありますが、何がよかったのですか。つぎの[あ]・[い]にあてはまる言葉を、文中からそれぞれぬき出しましょう。

・絵をかくときに、[あ]をしてみたり、いつもより[い]にぬってみたりしたこと。

あ（　　）

い（　　）

(5)　――③「二人ともすごくよろこんでくれました」とありますが、このとき「わたし」はどのような気持ちになりましたか。文中から五字でぬき出しましょう。

［　　　　　］

指導のコツ　金賞をとったときの気持ちや様子を押さえます。

30日 まとめテスト (6)

1 つぎのしを読《よ》んで、あとのといに答《こた》えましょう。

G《ジー》パン

川崎洋子《かわさきようこ》

[　　]ながいこと　がまんして
やっと買《か》ってもらったGパン
おなかにぴっちり　すいつく
こころまで　さっぱり青くそまる

じっくり　かがみにうつして
くすっとわらっちゃうGパン
おさがりじゃないんだ
大またで　きっぱり　歩《ある》きたい

↓答えは79ページ

(1) [　　]にあてはまる言葉《ことば》をつぎからえらび、記《き》号《ごう》で答えましょう。(20点《てん》)

ア ぐったりと　イ からりと
ウ じいっと　エ さくっと

（　　）

(2) このしから読みとれることをつぎからえらび、記号で答えましょう。(20点)

ア Gパンがにあうことを、じまんしたいと思《おも》っている。
イ 新《あたら》しいGパンを買ってもらったことを、よろこんでいる。
ウ これからは、スカートよりもGパンをはきたいと考《かんが》えている。

（　　）

月　日

時間 20分 [はやい15分・おそい25分]
合格 80点

得点
点

シール

2 つぎの文章《ぶんしょう》を読んで、あとのといに答えましょう。

土曜日《どようび》、わたしがかよっているピアノ教室《きょうしつ》で、ピアノのはっぴょう会《かい》がありました。

その日、わたしは朝《あさ》からとてもきんちょうしていました。なぜなら、わたしは一番目《いちばんめ》にピアノをひかなければいけなかったからです。しっぱいしたらどうしようと何度《なんど》も考えてしまい、［　　］。

けれども、そんなわたしに、ピアノ教室の先生が、にっこりわらってこう言《い》いました。

「だいじょうぶ。いっぱいれんしゅうしたんだもの。いつもどおりひけばだいじょうぶ。」

先生の一言《ひとこと》で、わたしはすうっとおちついて、ピアノをひくことができました。今《いま》までで、いちばんよいえんそうができたと思います。

(1) ［　　］にあてはまる言葉をつぎからえらび、記号で答えましょう。(20点)

ア うまくひけませんでした

イ 思わずわらってしまいました

ウ なみだが出そうでした

（　　）

(2) この文章のないようを、つぎのようにまとめました。つぎの［あ］・［い］にあてはまる言葉を、文中からそれぞれ五字でぬき出しましょう。(一つ20点—40点)

・「わたし」は、はじめはとても［あ］していたが、先生に、［い］したとおりにひけばだいじょうぶだと言われ、おちついてえんそうすることができた。

あ［　　　　　］

い［　　　　　］

しんきゅうテスト

月　日

時間 30分 [はやい25分 おそい35分]　合格 80点

得点　　点

シール

↓答えは80ページ

1 つぎの文章《ぶんしょう》を読《よ》んで、あとのといに答《こた》えましょう。

木や岩《いわ》のそばにいくと、あたまをこすりつけたくなるし、やわらかい草があると、ねころんでみたくなる——①ライオンはなんでもためしてみるくせがあった。

だから、立ちどまったさきにころがっている、うずまきもようの石ころを、みのがすわけはない。

（ふしぎなもようの石だな）

あめいろに、［　　］光《ひか》っている。ライオンは、ためしに、その石ころを、ちょいとなめてみた。

すると石ころは、ころがりながら「おっおっおっ！」というではないか。

ライオンもおどろいて「おっおっおっおっ」とう

(1) ——①「ライオンはなんでもためしてみるくせがあった」について、つぎのといに答えましょう。

① ライオンは石ころを見つけたとき、どのようなことをして「ためして」みましたか。(10点《てん》)

（　　　　）

② ライオンのせいかくをつぎからえらび、記号《きごう》で答えましょう。(10点)

ア おこりっぽいせいかく。
イ 何《なん》にでもきょうみをもつせいかく。
ウ すぐに心配《しんぱい》になるせいかく。

（　　）

(2) ［　　］にあてはまる言葉《ことば》をつぎからえらび、記号で答えましょう。(10点)

ア さらさら　イ つやつや　ウ ふわふわ

（　　）

しろにさがった。

「なんだなんだなんだ！」

石ころが、またさけぶ。
②こんな石は、みたことがない。ライオンははらばいになり、石ころをみつめた。
石ころは、しばらくしんとしていたが、やがて、うずまきの入り口のカーテンがあき、目玉がふたつ、ツノのようにとびだした。

（おや、石ころではなかったのか。……それにしても、とびだす目玉なんて、かっこいいな）

ライオンはかんしんして、ていねいに、あいさつした。

「こんにちは。ぼくはさんぽのとちゅうのライオンです」

とびだす目玉は、ライオンをよくながめ、それから、首《くび》をのばしてあいさつした。

「こんにちは。おれ、ひるねのとちゅうの、かたつむりです」


（工藤直子《くどうなおこ》「朝《あさ》の光《ひかり》のなかで」）

(3) ――②「こんな石は、みたことがない」について、つぎのといに答えましょう。

① 「こんな石」とは、どんな石ですか。つぎの□にあてはまる言葉を、文中から三字でぬき出しなさい。（10点）

・ころがりながら□石。

② このときのライオンの気持《きも》ちをつぎからえらび、記号で答えましょう。（10点）

ア おどろいている。
イ こわがっている。
ウ おびえている。

（　　）

③ けっきょく、この「石ころ」は何だったのですか。文中からぬき出しましょう。（15点）

（　　　　）

2 つぎのしを読んで、あとのといに答えましょう。

アリ

まど・みちお

アリを見ると
アリに　たいして
なんとなく
[　　]
みたいなことに　なる

いのちの　大きさは
だれだって
おんなじなのに
こっちは　そのいれものだけが
こんなに
ばかでかくって…

(1) [　　]にあてはまる言葉をつぎからえらび、記号で答えましょう。(15点)
ア もうしわけありません
イ またお会《あ》いしましょう
ウ おはようございます
エ いつもありがとうございます
（　　）

(2) ――「そのいれもの」について、つぎのといに答えましょう。
① 「その」とは何のことですか。文中からぬき出しましょう。(10点)
（　　）
② 「そのいれもの」とは何のことですか。あてはまるものをつぎからえらび、記号で答えましょう。(10点)
ア 茶《ちゃ》わん　イ 体《からだ》
ウ うつわ　エ 心《こころ》
（　　）

答え

読解力10級

● 1日 2・3ページ

1 (1)(あ)エラスモサウルス　(い)海

(2)②エ　④イ

(3)①(例)ティラノサウルスが海にとびこんだ様子。

②(例)エラスモサウルスをたすけたいと思ったから。

(4)(例)エラスモサウルスの体中にけがをさせたこと。

指導の手引き

1 (1)すぐあとに「エラスモサウルスがゆっくりとやって来ました」とあることに着目します。また、「バシャバシャバシャ」とは水に関係する擬音語であり、物語の舞台が海辺であることからも読み取ります。

(2)②すぐあとに「しずみ出しました」とあることから、海に沈んでいく音を選びます。アの「ザザーンザザーン」は波の音として、ウの「プカプカプカ」は海に浮かぶ様子を表す音として用いられます。④すぐあとに「ティラノサウルスが……あがってきました」とあることから、海からあがってくる場面だとわかります。「!」がついていることから、勢いのある擬音語を選びます。

(3)すぐあとの「ティラノサウルスはエラスモサウルスをたすけたい、という気もちだけで海にとびこみました」という一文から読み取ります。

(4)すぐ前の二文に着目します。エラスモサウルスが海のらんぼうもののきょうりゅうにかまれて体中にけがをしていることに、ティラノサウルスは「ひどい」と叫んでいるのです。

チェックポイント　表現を読み取る

擬音語・擬態語に着目して、それが何を表しているのかを読み取ります。

● 2日 4・5ページ

1 (1)(例)おばあさんにこわがられたいから。

(2)ごみみたいなきたない色(の、けがわ。)

(3)イ　(4)ウ

指導の手引き

1 (1)二つめの——のすぐあとに「おなじことをくりかえして、どうやらこわがられたいみたいなのよ」とあることに着目します。おおかみは「こわいでしょ」と繰り返すことで、おおかみ＝こわい、ということをアピールしているのです。

(2)おおかみの姿について「からだはごみばこぐらい小さいし、ごみばこのごみみたいなきたない色してる」と書かれています。「ぴかぴかひかったけがわ」でないからこわくない、とおばあさんは言っているのです。

(3)まず、——②の直前でおばあさんが、「もうすこし大きくなったほうがいいんじゃないかしら」と言っていることに着目します。このおばあさんの言葉を聞いて、おおかみは「にやーっ」と笑ったのです。その理由は、あとの会話でおおかみが「ぼく、おばあさんをおしょうゆあじでたべるのが、だいすきなんです」と言っていることからわかります。おおかみは、おばあさんの「大きくなったほうがいい」という言葉を、ごちそうである自分(おばあさん)を食べたほうがよいということだと考えて笑ったのです。

(4)すぐ前のおおかみの言葉から、おおかみが自分を食べる気であることがわかって、体が「ぶるんとふるえてしまった」のです。

チェックポイント　繰り返しの表現

言葉や行動が繰り返されるのは、何かを強調するときであることが多いです。何を強調しているのか考え、意識して読み進めます。

●3日 6・7ページ

1 (1)でたらめうた(一のおしごと)

(2)(例)ふとんをたたみ(はじめたとき。)

(3)①あおじいちゃん

い(例)でたらめうたをうたった

②とてもまじめ

(4)ウ

指導の手引き

1 (1)こそあど言葉の指す内容は、それよりも前にあることが多いです。——①を含むお母さんの言葉に着目すると、最後に「うたったの」とあるので、「あれ」は「うた」であることがわかります。——①より前の部分から、「うた」にあたるものを探して答えます。

(2)すぐ前に、「お父さんがよこの自分たちのふとんをたたみはじめた」という記述があります。ふとんをたたむという行動のはじめに、でたらめうたを歌い始めたという文脈です。

(3)①お母さんの言葉のはじめに「そうでしょう」とあります。よってこの「そう」は、直前のさきちゃんの言葉、つまり「へえー、しんじられない」を指します。さきちゃんが「しんじられない」と言っているのは、おじいちゃんがふとんをたたみながらでたらめうたを歌ったというエピソードに対してです。②さきちゃんの「しんじられない」という言葉のあとで、おじいちゃんについて書かれていますが、そこには「とてもまじめそうで、でたらめうたをうたうようには見えませんでした」とあります。また、——③を含むお母さんの言葉にも、「ふだんは、じょうだんなんかいわなかった」とあります。さきちゃんと同じようにお母さんも、おじいちゃんはまじめで、でたらめうたを歌うような人ではないと思っていたのです。

(4)おじいちゃんのでたらめうたを聞いて、幼いころのお母さんは「おかしくっておなかがいたくなった」と言っています。

> **チェックポイント　こそあど言葉**
> こそあど言葉の内容を問われたときは、指す内容が前に書かれていることが多いことを意識して探します。

●4日 8・9ページ

1 (1)(例)トンネルをほったときの土。

(2)(例)うしろにどけておく

(3)①モグラづか

②(例)すんでいる(トンネルをつくっている)

(4)①(例)森でモグラづかがひとつも見つからないこと。

②(例)森にはモグラはすまないということ。

指導の手引き

1 (1)すぐ前の文に、「トンネルをほれば、ほった土が出ます」とあります。

(2)こそあど言葉なので、前の文に着目します。「ほった土」を「うしろにどけて」おくと、ほったあとからトンネルがうまってしまう、という文脈になります。

(3)①こそあど言葉です。直前の「モグラづか」の下を指します。②は、——③のあとに続く文章を読み進めます。「その下」には「モグラのトンネルができている」すなわち「モグラがすんでいる」と考えると書かれています。

(4)筆者は、第二段落から第三段落にかけて、モグラづかがある＝モグラがいる、という関係を説明し、「モグラとモグラづかは、切っても切れないかんけいにある」と述べています。それを押さえたうえで最終段落を読むと、「モグラ」と「切っても切れないかんけい」の「モグラづか」が森にはないため、「森にはモグラはすまない」と考える学者もいるのだ、という文脈になっていることがわかります。

> **チェックポイント　説明文でのこそあど言葉**
> 説明文では、こそあど言葉が何を指すかを丁寧に押さえながら読むことで、説明の内容を理解しやすくなります。

● 5日 10・11ページ

1 (1)①ア ③カ
(2)たったひとりの子ども
(3)・うるわしい朝のお目ざめ
・いとしいライオンちゃん（オスライオンのぬいぐるみ）
(4)ア

指導の手引き

1 (1)①空欄の前後の文のつながりに着目します。「あたしには、おとうとがいる」ということは、「あたしは、おねえさん」であるということと同義なので、言いかえのつなぎ言葉「つまり」が入るとわかります。③空欄の前後の文のつながりに着目すると、前の文では「しあわせだった」、あとの文では「しあわせは、長くはつづかなかった」と反対のことが書かれているので、「でも」がふさわしいとわかります。
(2)「そのころ」というこそあど言葉があるので、これより前の部分に着目します。ややまぎらわしい言葉として「はじめての子ども」もありますが、字数が合いませんし、弟が生まれても「あたし」が「はじめての子ども」であることには変わりがないので、不正解です。
(3)直後の段落が「たとえば」で始まっている点に着目します。弟がうばっていったしあわせの例を、ここから挙げようとしているのです。よってこの「たとえば」以降から二つぬき出します。二つめは「それから」というつなぎ言葉に着目して探します。
(4)直後の文に着目します。「でもいまは、おとうとがおこしにくる」とあり、続けて、その弟の起こし方が、いかに「あたし」にとって苦痛なものかが書かれています。文が「でも」から始まることから、その前の文には、この苦痛な目覚めとは反対のことが書かれていると推測できるので、反対の意味をもつアが正解だとわかります。

チェックポイント **文と文をつなぐ言葉**
「でも」は前後の文が反対の内容になっているときに用いられます。このように前後の文の内容から、つなぐ言葉を導き出せるとよいです。

● 6日 12・13ページ

1 (1)(例)そして（さらに・そのあと）
(2)ア (3)イ→ウ→ア
(4)①まっ白で、ガーゼのようにふわふわした羽。
②なんときれいなすがたなのでしょう。

指導の手引き

1 (1)口からあぶくを出したあと、体をひるがえすという文脈になります。一つ目の動作に続いてあとの動作がおこなわれるので、「そして」や「さらに」などの言葉がここには入ります。
(2)前の文ではヤゴが水中から出て「数分後」にイネのくきを登り始め、20センチほどで動かなくなったことが書かれています。そのあとに続いて、「15分ほどたったでしょうか」とあるので、前の文でかかった時間に、さらに時間が付け加えられていることがわかります。よってアが正解です。筆者が時間を追って観察していることを読み取ります。
(3)ヤゴの背中が割れ始めたことを受けて、「ぼく」は「うかがはじまった」と言っています。よっていちばんはじめはイです。そこからは、文章の展開に沿って答えられます。
(4)①ここまでは「ヤゴ」の羽化する様子が書かれています。よって、羽の様子はあとの文に書かれていると推測できます。②最後の一文に「ぼくは、すっかり見とれてしまいました」とありますが、これは感想ではないので注意します。この部分は、「なんときれいなすがたなのでしょう」という感想を持ったときの、筆者の様子です。

チェックポイント **つなぎ言葉と説明の順序**
つなぎ言葉をうまく用いると、物事を順番に沿って説明しやすくなります。説明の順序を追う際の参考にするとよいです。

● 7日 14・15ページ

1 (1)(例)おとうさんとおかあさんがきょう力して子そだてをすること。
(2)②ア　③ウ
(3)①ウ　②イ・ウ
(4)(例)日本ではふうふで子そだてをするものはキツネとタヌキと人間だけだということ。

指導の手引き

1 (1)こそあど言葉は、すぐ前に何を指しているかが書かれていることが多いので、まずは前の文から探します。筆者は、「ふしぎなくらいめずらしい」と言っています。何が「ふしぎなくらいめずらしい」のかというと、おとうさんとおかあさんが協力して子育てをすることです。
(2)②[②]以降は、第一段落で述べた、夫婦で子育てをする動物はめずらしい、という説の証明として、ヒグマの例を挙げています。よってここには**ア**が入ります。③ヒグマに付け加える形で、おかあさんと子どもだけで暮らしている動物の名前を列挙しています。よって**ウ**が正解です。
(3)①筆者が観察した「ほっかいどうの野生どうぶつたちの家族」はみんな、おかあさんだけが子育てをしていた、とあります。②世界の動物たちでは、ホッキョクグマ、ゾウ、ライオン、チーターはおかあさんだけが子育てをしている、とあります。
(4)こそあど言葉の問題なので、前の文に着目します。文章の最後でもう一度、おとうさんとおかあさんがいっしょに子育てをする動物はめずらしいということを強調しています。

チェックポイント　文章全体の理解のために
こそあど言葉や文と文をつなぐ言葉をきちんと読み取れないと、文章の全体像もとらえにくくなるので注意が必要です。文と文のつながりを押さえ、文章全体がどう展開しているかをとらえます。

● 8日 16・17ページ

1 (1)しかられてばかりいる
(2)(例)王さまがしかられてもべんきょうをしないから。
(3)ア
(4)①あめいたんてい　いじけん
②あべんきょう　いあたまがいい

指導の手引き

1 (1)すぐあとに「あそぶのがすきで、べんきょうが大きらいな王さまです」とあり、そのあとに「だから、いつもだいじんにしかられてばかりいる王さまです」と続くことに着目します。
(2)すぐ前に「だから」とあることから、これより前に理由が書かれているだろうと考えられます。だいじんが「べんきょうをしないと、あたまがわるくなりますよ」としかっても、「すぐにべんきょうをはじめるような、王さま」ではないため、「だいじんは、よけいおこりだ」すのです。
(3)だいじんに「あたまのわるい王さまでは、みんなにばかにされます」と言われて、「ぼくは、あたまはわるくないぞ。あたまのいいところを、見せてやる」と思ったときの王さまの気持ちを考えます。王さまは、自分は「あたまはわるくない」と思っているので、だいじんにしかられてくやしいのです。
(4)①このあとに「王さまは、なにをしようというのでしょうか」とあり、「いつか、テレビで見た、めいたんていを、やることにしたのです」と続くことに着目します。②「そうだ。やってみよう。ぼくは、あたまがいいんだぞ」「めいたんていになれば、だいじんもばかにはしないでしょう。しかったりしなくなるでしょう」という部分に着目します。王さまはだいじんに自分の「あたまがいい」ことを見せつけてやるために「めいたんてい」をやろうと考えたのです。

チェックポイント　話題を読み取る
「しかられてばかりいる王さま」が今回の

話題です。王さまがなぜしかられているのか、しかられたあとどうするのかを読み取ります。

● 9日　18・19ページ

1 (1)(いつ)(あつい)まなつ
(どこで)のはら(で)
(だれが)たけし(くん)(が)
(何をしている)さがしもの(をしている)
(あおいビーだまをさがしている)
(2)①あ(だいすきな)よしこちゃん
い(あおい)ビーだま
②(例)ころんだときになくしてしまった。
(3)ごむかっぱ　(4)イ

指導の手引き

1 (1)冒頭の、場面を説明している部分に着目します。「たけしくんがのはらでさがしものをしている」「あついまなつ」と書かれています。
(2)①こそあど言葉の問題です。すぐ前の一文に「たいせつなあおいビーだま」とあることに着目します。「だいすきなよしこちゃん」に「やっともらった」から「たからもの」なのです。②すぐあとの一文に着目します。「たいせつ」な「たからもの」だから「しっかりにぎっていた」のに、「ころんだ」ため「てのひらからとびだして」しまい、なくしたのです。
(3)すぐあとに「みどりいろのちっこいもの」とあります。さらに読み進めると、「みどりいろのちっこいもの」は、「ごむでできているごむかっぱ」だと書かれています。
(4)すぐ前に「おまえも」とあることから、たけしくんも同じような顔をしていることが読み取れます。たけしくんは暑い中探しものをしていたので「くちは、すっかりへのじ」になっていますし、「ごむかっぱ」も「さがり目がしょぼん」として「なんだかなきつかれたみたいなかお」をしているのです。この「かお」の説明に合う表現を選びます。

チェックポイント　場面を読み取る
物語の状況を表している言葉に着目して、どのような場面かを読み取ります。

● 10日　20・21ページ

1 (1)虫
(2)あ(例)くっつける
い(例)とかす(順不同)
(3)ウ
(4)(例)(はをとじて)虫をはさんでしまう。
(5)ア→ウ→イ

指導の手引き

1 (1)本文は、最初にもうせんごけの特徴と虫のとらえ方について書かれ、そのあとに中略をはさんで、ほかの植物の虫のとらえ方について書かれています。いずれも「食虫植物」と呼ばれる、「虫」を食べる植物についての説明です。
(2)あすぐあとの段落に「はのえきにふれると、すぐにくっついてしまいます」とあります。この「はのえき」は、もうせんごけの葉から出ています。「ねばねば」しているため、虫が「すぐにくっついてしま」うのです。い第六段落に、「ねばねばのえきには、虫をとかすものも入っています」という一文があります。虫を「自分のよう分」にするために、もうせんごけは「ねばねばのえき」で「虫をとかす」のです。
(3)つなぎ言葉の問題です。前の文では「虫が……もがけばもがくほど、ねばねばのえきをたくさん出」すと書かれていて、あとの文では、「ねばねばのえき」だけでなく、「毛やはがうごいて、虫をおさえつける」と書かれています。前の文の内容にあとの文の内容を付け加えているので、「そして」が入ると読み取れます。
(4)はえとりぐさについての記述は、中略直後の第七段落に書かれています。
(5)(1)でも解説したように、本文は、第一段落から第六段落にかけて、もうせんごけという食虫植物の特徴と、もうせんごけがどのようにして虫をとらえるかという方法を説明しています。その次に、中略をはさんで、もうせんごけ以外の「虫を食べるしょくぶつ」の例を挙げています。そして最後に、「虫を食べるしょくぶつ」は「十分なよう分がとれない」ために「いろいろなやり方で虫をとらえるようになった」こと、「しぜんのしくみ」にはこのように「おどろくようなこと」がたくさんあることをまとめています。

チェックポイント　説明の順序を読み取る
話の内容が切り替わっている段落を見つけ、文章がどのような順に組み立てられているかを読み取ります。

●11日 22・23ページ

1 (1)中国　(2)うつわをじかに口につける
(3)①みじかい　②一人一人のおぜん
(4)ウ→ア→エ→イ

指導の手引き

1 (1)おはしについて書かれた文章です。最初の文に「おはしは三千年いじょう前、中国で生まれたらしい」とあります。
(2)同じ段落をよく読みます。日本にも最初は中国から、おはしとスプーンのセットが入ってきましたが、器にじかに口をつけて食べることがふつうになったため、スプーンで食べることがなくなったのです。
(3)中国やベトナムでは、日本で食事のときに使うおはしよりも長いものが使われています。それは、料理を大きな皿にもりつけて、みんなで取って食べるため、長いほうが取りやすいからです。日本では一人一人のお膳にそれぞれの食事がのっていたため、短いおはしでも十分料理に届いたのだと思われます。
(4)段落ごとに、どのようなことが書かれているのか、丁寧に読み取ります。まず、最初はおはしが中国で生まれたらしいということが書かれています。次は日本ではスプーンが使われなくなり、おはしだけが使われたこととその理由。次は、中国やベトナムのおはしが日本のものより長いということ、また、ほかの国ではみんな同じおはしを使うが、日本ではだれのおはしか、使う人が決まっているということも書かれています。最後に、それぞれの国の食事の仕方で中国から伝わった同じおはしでもちがう形になっている、というまとめが書かれています。この流れをしっかりと押さえます。

チェックポイント　説明の順序を読み取る
まず話題、内容を読み取り、それがどのような順序で書かれているかに注目します。

●12日 24・25ページ

1 (1)(あ)えいよう　(い)エネルギー
(2)ア
(3)(あ)い　(い)えき
(4)オ→ア→イ→ウ→エ

指導の手引き

1 (1)同じ段落に答えが書かれています。
(2)つなぎ言葉の問題です。まず、前後の文を見てみます。前の文に、食道はのどのところで鼻から続く空気の道とつながっている、と書かれています。また、あとの文は、いそいで食べると食べものが鼻から飛び出したりむせたりする、と書かれています。これは、食道が空気の道とつながっているせいで、食道に入るべき食べものが、空気の道にまちがって入ってしまうからです。前の文があとの文の原因になっているので、「ですから」が入ります。
(3)胃がいろいろ形をかえてのびちぢみする理由は、胃へやってきた食べものと、胃のかべから出る「食べものをとかすえき」がよくまじるようにするためです。
(4)文章を順番に読みます。食べものは口でだ液とまざり、食道を通って胃へいき、胃では消化液とまざって小腸へ。小腸で栄養を吸いとり、吸いとられなかったものが大腸へいきます。大腸で残りの栄養と水分を吸収して、それでも残ったものが便となり体の外へ出てゆくのです。

チェックポイント　内容を読み取る
それぞれの段落で何について書かれているか、どのように各段落の内容がつながっているかを読み取ります。

● 13日　26・27ページ

1
(1)がまがえる
(2)どくじる
(3)(例)冬みんしているから。
(4)イ

指導の手引き

1 (1)これより前の文章に着目し、こねことがまがえるが何をしていたのかを読み取ります。こねこががまがえるを捕まえようとしたので、がまがえるが威嚇のために「にらみつけ」てきたのです。
(2)すぐあとの一文に「がまがえるの目の上にある耳せんから、どくじるがみけねこの口の中に出されたのでしょう」とあることに着目します。「どくじる」で攻撃されたため、みけねこは逃げてしまったのです。
(3)すぐあとの一文に「冬みんしてしまったのでしょう」とあります。がまがえるは「冬みん」のために地中にもぐってしまったので姿が見えないのです。
(4)すぐ前に「がまがえるがたまごを生むきせつです」とあることに着目します。冬の間、「冬みん」のため姿を現さなかったがまがえるが春になってたまごを生みはじめます。したがって、たけしは「たまごを生むがまがえる」を探して歩いていると推測できます。

チェックポイント　理由を読み取る
文章の前後のつながりに注意して読むことで、理由・原因→結果という文脈を読み取ることができるようになります。

● 14日　28・29ページ

1
(1)ウ・エ
(2)ア
(3)ウ
(4)ⓐさむさ　ⓘあつさ(順不同)

指導の手引き

1 (1)──①の直後と、その次の段落に答えが書かれています。ア・イは冬に服を着る理由である点もあわせて押さえるとよいです。
(2)熱や汗を外に出しやすい服が、②に入ります。外の空気を取り入れ、中の熱を発散してくれる**ア**が正解です。**イ**は寒い冬に着る服の特徴で、外の冷たい空気が入ってくるのを防ぎます。**ウ**の服の特徴は、文中に書かれていません。
(3)冬、寒さが厳しくなったときにどのような服が必要なのかを考えます。第一段落で「外のつめたい空気が入るのを、ふくがふせぐやくめもしています」と書かれていることから、「さむさをふせぐ」服が必要だとわかります。
(4)第一段落から第三段落にかけて、人間は季節に応じて、暑さや寒さから身を守るための服を着ている、ということが書かれています。その内容をまとめて、第四段落で筆者は、「人間は、ふくをきて、さむさやあつさから体をまもっているのです」と書いています。ここを参考にして答えを書きます。季節によって変わる気温や気候から身を守るために、人間は服を着ているのだという本文の主旨を押さえます。

チェックポイント　理由を探す
文中に「なぜでしょう」といった問いが書いてある場合、そのあとの部分に、理由が書かれていることがよくあります。問いのあとに着目して探していきます。

● 15日　30・31ページ

1
(1)ウ
(2)イ
(3)はらが立ってきた

(4)ア

(5)(例)さかあがりができない自分や、さとしをおこらせてしまった自分がいやになったから。

指導の手引き

1 (1)さとしは「ぼく」が何度失敗しても、「いやな顔しないではげまして」くれて、「あかるい声でアドバイスして」くれていることから答えが読み取れます。また、本文の最後から四段落目に、「(さとしが)わらっていたのは、おちこむぼくを元気づけるためだって、知っていたのに」と書かれている点もヒントになります。

(2)(1)と同じく、さとしの様子に着目します。「いやな顔しないで」「あかるい声でアドバイスして」などから、さとしが楽しそうに笑顔をうかべている様子が読み取れます。だからこそ、さかあがりができずいらいらしている「ぼく」は、そんなさとしの様子にかえって腹を立てているのです。

(3)すぐ前に「とうとう、ぼくはがまんできなくて」とあることから、「ぼく」が何に「がまんできなく」なったのかを読み取ります。「ぼく」はさとしの様子にも、さかあがりができない「自分」にも「はらが立ってき」ていたのです。

(4)さとしは好意で「ぼく」の練習に付き合っていたのに、突然「ぼく」に「もう帰れよ!」と怒鳴られたので、「びっくりした」のです。

(5)すぐ前の二文に注目します。「さとしをおこらせた自分」、「いくらやってもさかあがりのできない自分」が「いやになった」のです。

チェックポイント **気持ちを読み取る**
さかあがりができない腹立たしさが、だんだん友人へのいら立ちに変わっていく過程や、そのいら立ちをぶつけてしまったときの後悔を読み取ります。

●16日 32・33ページ

1 (1)あねずみのおじょうさん　いドレス

(2)ア・ウ

(3)びっくりぎょうてん

(4)ア

指導の手引き

1 (1)——①の前後の文から読み取ります。前の文から、「まちのようふくやさんからのこづつみ」の配達先は、「こでまりのしたにすむねずみのおじょうさん」であることがわかります。また、その中身は、すぐあとのねずみのおじょうさんの言葉から読み取ることができます。「あしたのおたんじょうびにきるドレスなの」とあります。

(2)すぐ前に「てがみをよみながら、ないたり、わらったり」と、あなぐまさんが手紙を読んでいる様子が書かれています。「まごのひとり」の病気が治ったことと、「あたらしいまご」が生まれたことが「うれしい」気持ち、「もうひとりのまご」が病気になったことが、「かなしい」気持ちにあたります。

(3)もぐらさんは、おじいさんが「どこへいっちゃったのか」と心配していたところ、手紙を読んで「もりのはずれのかしのきのねっこのしたあたりをほってる」とわかり、「びっくりぎょうてん」しているのです。「びっくりぎょうてん」という気持ちが先に書かれ、その理由である手紙の内容のほうがあとに書かれているので、注意します。

(4)すぐ前に「これできょうのはいたつはおしまい」とあるので、「きりかぶにこしかけて」「おべんとうをだし」たのは、仕事が終わっておべんとうを食べる時間ができたからだと読み取れます。

チェックポイント **気持ちを読み取る**
直接気持ちを表す言葉が書かれていないときは、登場人物の行動や言葉から、心の動きや変化を読み取ります。

●17日 34・35ページ

1 (1)あでっぽって　いつめたいくうき

(2)(例)登校のとちゅうだから。

(3)イ　(4)ウ

指導の手引き

1 (1)まず、同じ段落に「だって、はなのあたまっていうのは、でっぱってるんだもん」とあることに着目します。そして次に、なぜ「はなのあたま」が「でっぱって」いるとさむいのかを考えます。この答えは、すみれちゃんがつくった歌の「はなのあたまは　つんとたかくなってて／つめたいくうきは　そこにとまるの」という歌詞にあります。「はなのあたま」が「でっぱって」いて「つめたいくうき」が当たりやすいから、「さむい」のだとすみれちゃんは言っているのです。

(2)すぐあとに「声をださないのは、さむいからじゃなくて、登校のとちゅうだから」とあります。

(3)すぐあとに「われながら、なかなかいいうただとおもったのです」とあります。「いいうただ」と感じているので、**イ**が正解です。

(4)すみれちゃんはつくった歌の題名を、「すごい」と「かくしん」しています。これは自分のつくった題名を気に入っているということなので、最もふさわしい解答は**ウ**になります。**ア**は「この題名を考えた人はすごい」が、**イ**は「この題名をもっといいものに直したい」が、**エ**は「うたよりも題名のほうが人気」が、文中から読み取れないため不適切です。

チェックポイント　人物の気持ちを読み取る

「うれしい」「悲しい」などの直接的な言葉で表されていなくても、心情描写などから気持ちを読み取れるよう、日頃から本に親しむとよいです。

● 18日 36・37ページ

1 (1)ちょうちょ・よもぎだんご（順不同）

(2)イ

(3)（冬のはじめにみうしなった、きつねのこの）ボール

(4)①雪がすこしとけた　②ウ

指導の手引き

1 (1)「りすのこは、しっぽのさきにちょうちょをとまらせて」「たぬきのこは、おべんとうによもぎだんごをもって」という部分に着目します。先生はこれらを見て「春がきたのね」と言ったのです。

(2)「春がきた」とうれしそうな先生に対して、「ぼくのところは、まだ冬です」と言ったきつねのこの気持ちを考えます。このあとで先生が「もうすぐあたたかになりますよ」と言いそえていることから、きつねのこがうかない表情をしていたことが読み取れます。

(3)すぐあとに「赤いボール」とあります。

(4)①前半できつねのこはひつじ先生に向かって、自分の家の周りには「雪」が残っているのでまだ冬だと言っています。これをふまえて、「雪」に着目しつつ、きつねのこが「春がきてる」と感じた理由を読み取ります。きつねのこは、「赤いボール」を見つけた際に、「雪がすこしとけたんだ」と言っています。「ボールがみつかった」＝「雪がすこしとけた」＝「春がきた」と連想して、春の訪れを感じ取っているのだとわかります。②ほかのみんなと同じように、自分のところにも春がきたので、きつねのこは喜んでいるのだと読み取れます。

チェックポイント　象徴を読み取る

この文章では「雪」が「冬」の象徴として書かれています。ボールの発見から雪がとけたことを読み取り、さらにそれを「冬」の終わり、すなわち「春」の訪れであると読み取ります。

● 19日 38・39ページ

1 (1)イ

(2)オニヤンマ

(3)ア

(4)①（例）オニヤンマをあみでつかまえた（ということ。）

②イ

指導の手引き

1 (1)すぐ前に「ひなこはわらって」とあり、すぐあとにも「あそこにもあそこにもあそこにも！」と興奮気味に話していることから、楽しそうなひなこの様子が読み取れます。

(2)たとえの表現の問題です。大きな「とんぼ」のことを指しているので、それにあてはまるとんぼの名前を探します。

(3)すぐ前に「あみをつかんでとんだ」とあり、あとには「あみのなかにおうさまがいた」とあります。ここから「ヘリコプターのようなおと」はあみをふるってオニヤンマを捕まえた音だとわかります。あみを持つのは「うで」なので、アが正解です。

(4)①「おうさま」とは「オニヤンマ」を言いかえた表現です。前の二文から「ぼく」があみをつかんでオニヤンマを捕まえようとしていたことを読み取ると、この一文はオニヤンマをあみで捕まえた場面だとわかります。

②最後の一文に「ひとりごとみたいにひなこがいった」とあることに着目します。あみのなかにいる「おうさま」を見たひなこの感想が、そのすぐ前に書かれています。前半のはしゃぐ姿とうってかわって、ひとりごとのようなひなこの物言いから、間近で見るオニヤンマの姿に、静かに感動している様子が読み取れます。

チェックポイント　表現を読み取る

「…みたい」「…みたいな」という、たとえの表現に注意します。何かにたとえると、姿かたちや、行動を伝えやすくなります。

● 20日　40・41ページ

1 (1)(例)(金曜日のちょうれいで)いまがんばっていることについてはっぴょうするじゅんばん。

(2)①あかんたん　ⓘけんだま　②イ

(3)ア

指導の手引き

1 (1)こそあど言葉の「その」が指し示す内容は、前に書かれていることが多いので、――①より前の内容に着目します。ひとつ前の段落から、金曜日の朝礼で行われている発表の順番のことだとわかります。

(2)①まい子が手をたたいたのは、おばあちゃんが「あかい玉をひょいっと大ざらの上にのせてみせ」たことへの拍手です。「ひょいっと」という言葉から、おばあちゃんがあっさりとけんだまを成功させたことを読み取り、それに似た意味合いを持つ言葉を文中から探し出します。最後の段落の「口でいうほどかんたんではありません」という一文を見つけ、「かんたん」という言葉をぬき出します。②直前に「おばあちゃん、すごい」と言っていることからも、まい子が驚き、感動している様子が読み取れます。

(3)直前で「おばあちゃんにできるんだもの、わたしにだってできる」と述べていることもふまえて――③を読むと、まい子が前向きにけんだまをがんばろうとしている様子が読み取れます。ここから、ウ「できるかどうかを心配している」は不正解であることがわかります。「わたしにだってできる」と思っているものの、「なやみがなくなって」と言い切ることまでは難しいので、イも適切ではありません。よって正解はアです。

チェックポイント　心情を読み取る

けんだまに興味を持ち、練習して発表しようと決意するまでの、まい子の心情を読み取ります。

● 21日　42・43ページ

1 (1)(例)チカのいえでをやめさせようと思《おも》ったから。

(2)ウ　(3)いえで

(4)かんかんでり

(5)(例)チカのまちがいを、とうさんがわらったこと。

(6)イ

指導の手引き

❶ (1)あとの部分で、とうさんが「もう、いえではとりやめだ」と言っています。

(2)とうさんがチカの「いえで」を「とりやめ」にしたことを、この言葉ではっきりさせていることが読み取れます。「はっきり」に近い意味をもつウが正解です。

(3)チカが何をしようとしていたのかを読み取ります。この場面はチカが「いえで」をやめたところから始まっています。したがって、チカの「いえで」が話題であることから、かあさんがきいた内容も「いえで」についてであることが推測できます。

(4)『てんてんがり?』かあさんには、まだわからないようだった」に対してチカが「〈かんかんでり〉のことだったの」と答えていることから読み取れます。

(5)すぐ前に「そう、ちょっとまちがっただけなのに」とあります。この「そう」は、すぐ前のとうさんの言葉「それを、とうさんがわらったんだよな」に対する同意です。「ちょっとまちがっただけ」にもかかわらず、「とうさんがわらった」ので、チカはくやしかったのです。

(6)――⑤は、「かんかんでり」を「てんてんがり」とまちがえたのだということを、チカがかあさんに説明する場面でのことです。自分のかんちがいを自分で説明しているので、「はずかしい」が最も適当です。

チェックポイント　話題を読み取る
登場人物が、どんな言動をどんな理由で行っている場面かをとらえます。

● 22日 44・45ページ

1 (1)(あ)おなかの部分　(い)海のいたるところ
(2)(例)海辺のほかの生きものたち(のくらし。)
(3)ア
(4)からだ
(5)(あ)気まま　(い)なやみ

指導の手引き

1 (1)(あ)同じ段落で、ヤドカリはおなかの部分がやわらかく、傷ついたりして危険なので、貝がらに入っているのだと述べられています。
(い)「そうすることで……海のいたるところへ、くらし場所をひろげていきました」の部分に着目します。「そうすること」が直前の「貝がらというやどをかり」ることである点を押さえて答えを導きます。

(2)「それ」のようなこそあど言葉は、これよりも前の内容を指し示すことが多い点に注意します。具体的に、ヤドカリのくらしとどう違うのかも押さえるとよいです。

(3)つなぎ言葉の問題です。前の内容と、空欄のあとの内容がどのようにつながっているのかに注意します。ここでは、「自由に見えます」のあとに、「なやみがあるのです」と、反対の内容があることを読み取ります。

(4)直後に具体的な「なやみ」の内容が書かれています。

(5)最後の二文に着目します。「やどにするには、……しゅう理できないし」や『やどかり』生活ゆえの、なやみ」を挙げたあとで、「気ままそうに見えて……けっこうたいへんなようです」とヤドカリの生活の実態をまとめています。

チェックポイント　話題を押さえる
ヤドカリの「貝がら」の利点と欠点について書かれています。文章をよく読み、それぞれの内容をしっかりと押さえます。

● 23日 46・47ページ

1 (1)①ウ　②ア
(2)①てっきんコンクリート
②(例)(ながくて)しかくいかたち
(3)①ちかてつのトンネル
②かいさくこうほう
③(あ)たてもの　(い)せつび

指導の手引き

1 (1)①本文は、工事方法の一種である、「開削工法」について説明した文章です。工事の過程を順を追って説明しているので、［①］には、「どどめへき」をつくることが最初の工程であるということを示す、ウ「まず」が入ります。②「どどめへき」をつくる↓「どどめへき」の間を掘る↓浅く掘ったら、上にコンクリートなどをしきつめて車が通れるようにする、という過程を経て、ようやく深く掘り進むことができるようになります。今まで示してきた過程に、さらに次の過程を追加する、という文脈なので、［②］には、ア「それから」が入ります。

(2)①直前の一文に着目します。「てっきんコンクリートのながいトンネル」と書かれていることから、材料がわかります。②直前に「ながいトンネル」と書かれていること、直後に「みんなしかくいトンネルです」と書かれていることを押さえます。

(3)①主語を読み取る問題です。直前に、「そして」という、前の内容にあとの内容を付け加えるつなぎ言葉があることから、――④を含む段落は、ひとつ前の段落の内容とつながりがあることがわかります。ひとつ前の段落には、「これまでにたくさんのちかてつのトンネルが、このほうほうでつくられてきました」とあるので、答えは「ちかてつのトンネル」です。②ひとつ前の段落の「このほうほうでつくられてきました」に着目します。「この」が指すのは、さらにそのひとつ前の段落にある「かいさくこうほう」です。③「かいさくこうほう」の利点について述べられている、最後から三段落目と四段落目に着目してぬき出します。

チェックポイント　主語を探す

主語がない一文は、自分で主語を補いながら読むことが大切です。前後の文脈から、主語を的確に読み取れるようにします。

● 24日　48・49ページ

1 (1)(例)野ネズミのすんでいない森はないから。

(2)①野ネズミを食べようとするどうぶつ

②たくさんのすきま

(3)かくれ場

指導の手引き

1 (1)すぐあとの一文に「野ネズミのすんでいない森は、ないのですから」とあります。場所を選ばなくても、どこでも野ネズミを見ることができるという意味です。

(2)①直前までに、「よいこと」と「わるいこと」については書かれていないので、あとの内容に着目します。次の段落に書かれている「たくさんのどうぶつにねらわれます」「野ネズミを食べようとするどうぶつがたくさんいるのです」という部分が「わるいこと」にあたります。からだが小さいので、イタチやヘビのように大きくない動物にも食べられてしまうのです。②「森にあるたくさんのすきまに、かくれることができます。これが、からだが小さいことの、よいほうのいみなのです」と書かれています。

(3)一つ前の段落の内容から、野ネズミは「小さなすきま」を「かくれる」ことに使っていることがわかります。第二段落で、このような場所のことを「かくれ場」と表現しているので、そこからぬき出します。

チェックポイント　ポイントを押さえる

からだが小さいことによる利点と欠点という二つのポイントを押さえることで、野ネズミという生き物を理解できます。

● 25日　50・51ページ

1 (1)①(例)夜空をとびまわっている生きもの。

②夜の鳥

(2)ア

(3)ア

(4)あコウモリ

いほろびよう

(5)(例)人間がおこしたなんでもないへんかが、コウモリのすみかをうばうことになるから。

指導の手引き

❶ (1)①直後から読み取れます。②同じ段落に答えが書かれています。①の解答で述べたように、コウモリは「空」、特に「夜空」をとぶ生き物です。筆者はその様子をふまえて「夜の鳥」とコウモリを言いかえています。

(2)つなぎ言葉の問題です。前後の文の内容に着目すると、前の文では「すぐにでも見つかりそう」とあり、あとの文では「あまり見かけない」と反対のことが書かれています。

(3)前後の文脈から「このごろの日本では、あまり見かけない」が、「いなくなったわけではない」とわかります。つまり、いるところにはいる、ということなので、場所を選べば見つかるということになります。よって正解はアです。

(4)こそあど言葉の問題です。「この」と書かれているので、すぐ前の内容に着目します。すると、「生きのこったうちの30しゅも、いまにもほろびようとしている」とあります。つまり、「コウモリ」が「ほろびようとしている」ことが、「意外に、しられていない」のです。

(5)最後の一文に着目します。「コウモリをわざわざほろぼそうとかんがえるひとはいない」と前置きしながらも、「人間にとってはなんでもないへんかが、しらずしらずのうちにコウモリのすみかをうばうことになる」と述べています。

チェックポイント　文脈を読み取る

こそあど言葉、つなぎ言葉を読み取って、文脈を押さえます。

● 26日　52・53ページ

1 (1)ア

(2)(あ)わたぐも　(い)ぼく(おおわし)

(3)ひとりぼっち

(4)①おひさま

②さびしい・ほこらしい(順不同)

指導の手引き

1 (1)詩の一行目・十三行目に「あさひを　あびて　つばさ　ひからせ」とあることに着目します。「あさひ」を浴びるということは、一日の時間としては「朝」です。

(2)三・四行目に「さんぽしていた　わたぐもが／ぼくをみていった」とあることに着目します。この部分から「いった」のは「(さんぽしていた)わたぐも」だとわかります。また「ぼくをみていった」のですから、言われた相手は「ぼく(おおわし)」であることがわかります。

(3)直前に「そうなんだ！」とあることに着目します。何に同意しているかを考えると、「わたぐも」の言った言葉に対してであることがわかるので、「わたぐも」の言葉に着目して、□にあてはまりそうな言葉を探します。解答欄の字数をヒントに考えます。

(4)①「おおわし」がだれに向かって話しかけている言葉なのかを押さえます。すぐ前で「ね、おひさま」と呼びかけていることからわかります。②この詩の中から「おおわし」の気持ちがわかる部分を探します。すると、十四・十五行目に「ひとりぼっちは　さびしいが／ひとりぼっちは　ほこらしい」とあるのが見つかります。「おおわし」は、空にひとりぼっちで浮かんでいる「おひさま」も自分と同じ気持ちだろうと感じているのです。

チェックポイント　独特な視点

ふつう「ひとりぼっち」は寂しい・悲しいというイメージがありますが、ここではそれを「ほこらしい」としています。このような独自の視点を読み取ります。

● 27日　54・55ページ

1 (1)(あ)ひも　(い)むずかしかった

(2)ア

(3)走りたい

(4)ウ

指導の手引き

1 (1)第一連から読み取ります。――①は七行目なので、直前の六行目にまず着目します。すると、「むずかしかった」とあります。ここから、「むずかしかった」から、「なんべんもやりなおしをした」のだとわかります。では、何を「やりなおし」したのかを次に考えます。三行目から五行目に、「はじめて　ひもを自分で通した／どんなふうに　通そうか……／にいちゃんのスニーカーを見ながら考えた」とあることから、ひもの通し方について悩んでいることがわかります。よってこれは、スニーカーのひもを通すのがむずかしくて、何回も「やりなおし」したのだということだとわかります。

(2)直前の「せ中をぴんとのばして」という言葉から、堂々と自信にあふれた態度が読み取れます。また次の第三連にある「走りたい」という気持ちは、スニーカーをはいたときからすでにあるものと考えられるので、今にも走り出しそうな様子を表す**ア**が正解です。

(3)直前に「走りたい　走りたい」とあること、また、直後に「がまんできずに　走りだす」とあることに着目します。「走りたい」という気持ちが、足が「歌う」「笑う」という喜びにあふれた感覚で表現されています。

(4)少し前に「どうだ　いいだろ」という言葉が繰り返されています。これは新しいスニーカーを、「いいだろ」と誇らしく思っている気持ちを表しています。よって新しいスニーカーを手にした喜びの気持ちを示した**ウ**が正解です。**ア**は「白い風を生むことのできる」が、**イ**は「にいちゃんのスニーカーよりもかっこいい」が、詩の内容からは読み取れないため不正解です。

チェックポイント　擬人法
人でないものを人に見立てて表現する方法が擬人法です。この詩では「足が　うたいだす」「足が　わらいだす」と、足を人のように表現しています。

● 28日 56・57ページ

1
(1)木村ゆうき（木村くん）
(2)①はっぴょう会
②十一月十三日
③（「スーホの白い馬」の）げき
(3)ア
(4)さま
(5)(例)木村くんに、はっぴょう会を見に来てほしい気持ち。

指導の手引き

1
(1)手紙の中で、何度も「木村くん」という言葉が出てきます。

(2)①手紙の中に「さて、十一月十三日に、ぼくたちの小学校ではっぴょう会があります」とあることに着目します。②案内文には、必ず日時が書かれています。③「今回、ぼくたちのクラスは『スーホの白い馬』のげきをはっぴょうします」という部分から読み取れます。「『おとうとねずみチロ』のげき」とまちがえないようにします。

(3)手紙には、「手紙を出す相手の名前」「自分の名前」を忘れずに書くことが必要です。

(4)「手紙を出す相手の名前」の最後には、かならず「さま」をつけます。親しい相手である際は「さん」「くん」でもかまいませんが、今回の発表会への招待状のように、改まったお願いをする手紙の場合は「さま」を使うことが望ましいです。

(5)最後のほうに「……ぜひ見に来てください」と書かれています。

チェックポイント　手紙を読み取る
誰に何を伝えるために書いた手紙なのかを押さえます。また、敬称など手紙の基本的なルールも確認するとよいです。

● 29日 58・59ページ

1
(1)あ絵画コンクール　い金しょう
(2)(例)「わたし」は絵をかくのがとくいでなかったから。
(3)イ

(4)ⓐくふう
ⓘていねい
(5)てれくさい

指導の手引き

1 (1)この文章の話題をとらえます。冒頭に「わたしのかいた絵が、絵画コンクールで金しょうをとりました」とあることに着目します。

(2)すぐあとに「なぜなら」という理由を表すつなぎ言葉があることに着目します。「わたしは絵をかくことがとくいではなかった」のです。

(3)直前に、「ともだちがはく手をしてくれました」とあります。「わたし」は「金しょう」をとったことを友達にほめられているので、うれしく思いつつも恥ずかしがっているというのが適切な気持ちであることがわかります。

(4)「それ」の指す内容を読み取ります。こそあど言葉は前の内容を指し示すことが多いので、まずすぐ前の文に着目します。すると、「絵をかくとき、はっぱが風にゆれているところをくふうしてみたり、いつもよりていねいにぬってみたりしました」とあります。これが「それ」の指している内容です。

(5)すぐあとに「すごくにこにこするので、わたしはてれくさい気持ちになりました」とあることに着目します。

チェックポイント　生活文を読み取る
どんなことがあって、どんな気持ちになったのかを丁寧に読み取ります。

● 30日　60・61ページ

1 (1)ウ
(2)イ

2 (1)ウ
(2)ⓐきんちょう
ⓘれんしゅう

指導の手引き

1 (1)あとに続く内容から判断します。「ながいこと　がまんして」と続いているので、心をおさえてがまんする様子や、ある状態を保つ様子を示す、ウ「じいっと」が正解になります。

(2)第一連の「やっと買ってもらった」や第二連の「おさがりじゃないんだ」から、このGパンが新品であることが読み取れます。また、第一連の「こころまで　さっぱり青くそまる」からは、Gパンを買ってもらって、すがすがしい気持ちでいる様子が読み取れ、第二連の「くすっとわらっちゃう」や「大またで　きっぱり　歩きたい」からは、Gパンを買ってもらってうれしくてたまらない様子、早くこのGパンをはいて歩きたいと思っている様子を読み取ることができます。これらをふまえたイが正解です。

2 (1)前の内容から読み取ります。「わたし」は一番目に演奏しなければいけないために「きんちょう」しており、さらに「しっぱいしたらどうしよう」と不安に思っているのです。不安でどうしようもない「わたし」の様子から、ウがもっともふさわしいとわかります。

(2)この問題では文章の展開をおさえることが大切です。ピアノの発表会当日、「わたし」はとても「きんちょう」していたということ。しかし、ピアノの先生が、「いっぱいれんしゅうしたんだもの。いつもどおりひけばだいじょうぶ」と言ってくれたことで、おちついていちばんよい演奏ができた、という流れをつかむことで、答えを導くことができます。ⓘが少々わかりにくいかもしれませんが、先生の「いつもどおりひけば」という言葉が、「いつも『れんしゅう』していたとおりにひけば」という意味であることを押さえると答えにたどりつけます。

チェックポイント　文章の要約
長い文章を自分の力でまとめる力はとても大切です。話の要点をうまくつかむ力、簡潔に相手に伝える力にもつながります。

● しんきゅうテスト　62～64ページ

❶ (1)①(例)石ころをなめてみた。②イ
(2)イ
(3)①さけぶ　②ア　③かたつむり

❷ (1)ア
(2)①いのち　②イ

指導の手引き

❶ (1)①「ライオン」が「石ころ」を見つけた場面に注目すると、「その石ころを、ちょいとなめてみた」が見つかります。②「なんでもためしてみる」とはつまり、何にでも興味をもって実践しようとする好奇心旺盛な性格の表れです。
(2)「あめいろ」に「光っている」とあるので、光っている様子を表す言葉を選びます。
(3)①「石ころ」についての描写に着目します。「ライオン」になめられた「石ころ」はころがりながら「おっおっおっ!」と言い、「なんだなんだなんだ!」と叫びます。②叫ぶ「石ころ」を見て、「ライオン」は「こんな石は、みたことがない」と言っているのですから、初めて見る石ころに「おどろいている」と考えるのが適切です。また、直後の文に「石ころをみつめた」とあり、石ころから離れる様子が見受けられないことから、**イ**や**ウ**は適切でないと読み取れます。「ライオン」にていねいなあいさつをされた「石ころ」ではなかったものは、「おれ、ひるねのとちゅうの、かたつむりです」と自己紹介しています。

❷ (1)第二連に着目します。「いのち」の大きさは同じなのに、自分の「いのち」の「いれもの」が、アリと比べて大きいことを、作者は申し訳なく思っていると考えられるので、**ア**が正解です。
(2)①同じ連の中から探します。②「いのち」の「いれもの」なので、**イ**が正解です。**エ**の「心」がややまぎらわしいですが、「心」の大きさは目に見えないので、アリと比べて大きいかどうかはわかりません。

チェックポイント　**思いを読み取る**
物語・説明文・詩を問わず、書き手が伝えたい思いを読み取ることが大切です。